Gudrun Mebs
Meistens geht's mir gut mit dir

Die Autorin:

Gudrun Mebs, 1944 geboren und aufgewachsen in Frankfurt/Main, absolvierte dort die Schauspielschule und spielt seitdem Theater. Sie wohnt heute in München und ist eine erfolgreiche Kinderbuchautorin geworden. Für ihr Buch ›Sonntagskind‹ erhielt sie 1984 den Deutschen Kinderbuchpreis und viele andere Auszeichnungen. Ihre Erzählung ›Birgit‹ stand in der Auswahlliste zum Deutschen Jugendliteraturpreis und wurde mit der Janusz-Korczak-Medaille 1985 ausgezeichnet. Gudrun Mebs schrieb außerdem die Kinderbücher ›Oma! schreit der Frieder‹ und ›Und wieder schreit der Frieder Oma!‹, ›Eine Tasse, rot mit weißen Punkten‹ (dtv junior 70170) und ›Wie werd' ich bloß Daniela los?‹ (dtv junior 70194). Ihre neuesten Titel heißen ›Ich weiß ja, wo der Schlüssel hängt‹, ›MarieMoritz‹, ›Tim und Pia: ganz allein!‹ (dtv junior 7589 und 7533) und ›Die Sara, die zum Zirkus will‹.

Die Illustratorin:

Rotraut Susanne Berner hat für ihre Buchausstattungen 1982 den ersten Piatti-Preis gewonnen. Sie illustrierte alle Bücher von Gudrun Mebs, auch das ›Sonntagskind‹, das mit dem Deutschen Kinderbuchpreis ausgezeichnet worden ist. Ihr Bilderbuch mit Luigi Malerba ›Der gestiefelte Pinocchio‹ wurde von der Stiftung Buchkunst prämiert. Die Illustratorin gestaltet außerdem für viele Verlage Buchumschläge.

Gudrun Mebs

Meistens geht's mir gut mit dir

Kindergeschichten

Mit Zeichnungen von Rotraut Susanne Berner

Deutscher
Taschenbuch
Verlag

Von Gudrun Mebs sind außerdem bei dtv junior lieferbar:
Eine Tasse, rot mit weißen Punkten, Band 70170
Wie werd' ich bloß Daniela los?, Band 70194

In der Reihe dtv junior Lesebär:
Zwei Angsthasen (große Druckschrift), Band 7556
Tim und Pia: ganz allein! (große Druckschrift), Band 7589
Tim und Pia: ganz allein! (Schreibschrift), Band 7533

Ungekürzte Ausgabe
März 1988
5. Auflage Juni 1991
Deutscher Taschenbuch Verlag GmbH & Co. KG, München
© 1985 Verlag Nagel & Kimche AG, Zürich
ISBN 3-312-00703-8
Umschlaggestaltung: Celestino Piatti
Umschlagbild: Rotraut Susanne Berner
Gesetzt aus der Baskerville-Antiqua 12/14·
Gesamtherstellung: Kösel, Kempten
Printed in Germany · ISBN 3-423-70130-7

Inhalt

Ostervater
7

Komm zum Kaktus
19

Pizza mit Achim
43

Meistens geht's mir gut mit dir
55

Judith
65

Die ganz normale Lilo
77

Freundinnen?
89

Opa oder Fahrrad
101

Ostervater

Ostern hat jeder gern. Ich auch. Schulfrei ist, und bunte Eier gibt's und Schokoladenhasen, und mein Vater schickt ein Paket. Darauf freue ich mich am meisten.

Da ist immer komisches Zeug drin, das kann ich meistens gar nicht gebrauchen. Im letzten Jahr hat er einen rosa Wollhasen geschickt. Einen für Babys! Ich bin kein Baby mehr, mit Wollhasen spiele ich schon längst nicht mehr, und mit rosa Wollhasen schon gar nicht.

Immerhin, mein Vater hat an mich gedacht. Wenn auch falsch gedacht. Ich habe gelacht, und meine Mutter hat auch gelacht, aber nicht so laut wie ich. Und dann hat sie geseufzt und gemeint, ich könne den Wollhasen ja verschenken. An ein Baby. Ich kenne aber kein Baby, und außerdem ist der Hase ein Ostergeschenk von meinem Vater.

Ich habe den Wollhasen auf meinen Schreibtisch gesetzt. Da sitzt er noch heute. Bloß ist er jetzt grau, nicht mehr rosa...

Mein Vater wohnt nicht bei uns, schon lange nicht mehr. Und uns besuchen, meine Mutter und mich, das tut er beinahe nie. Weil er so weit weg wohnt und weil er so viel Arbeit hat und weil er überhaupt Familie nicht mag. Hat er mal gesagt. Und Weihnachten mag er auch nicht. Da kriege ich nie was von ihm. Bloß an Ostern. Mein Vater ist eben ein Oster-Vater. Und darauf freue ich mich dann.

Besser ein Oster-Vater als gar keiner. Und jetzt ist Ostern. Ostersonntag. Ich bin früh aufgewacht. Und habe gleich losgelegt, mein Osternest zu suchen. Ich hab's auch sofort gefunden. Es war im Schuhschrank, oben auf meinen Skistiefeln.
Im Verstecken ist meine Mutter nicht so gut. Sie hat drei Zuckereier im Flur verloren, und das war eine deutliche Spur. Aber ihr zuliebe habe ich dreimal ganz laut gesagt: «Ja, wo hat denn der Osterhase mein Nest versteckt?» Und ich habe laut im Schirmständer gekramt. Meine Mutter hat sich gefreut und gekichert, und sie ist in die Küche gegangen und hat Frühstück gemacht. Osterfrühstück!
Meine Mutter hat an Ostern viel mehr Arbeit als sonst beim Frühstückmachen, weil es außer Müsli und Knäckebrot auch noch Salate gibt und Aufschnitt und Braten und Süßspeise, und davon leben wir am Ostersonntag den ganzen Tag lang. Weil man ein Osterfrühstück nicht auf einmal aufessen kann. Ich gehe mit meinem Osternest in die Küche zu meiner Mutter. Sie deckt den Tisch und gibt mir einen fischigen Kuß. Weil sie am Fischsalat genascht hat. «Fröhliche Ostern, Liebling», sagt sie. «Fröhliche Ostern, Mama», sage ich und schaue erwartungsvoll auf meinen Stuhl. Da steht nämlich an Ostern immer das Paket von meinem Vater. Diesmal aber nicht! Mein Stuhl ist

leer! Das sehe ich mit einem Blick. Mein Vater hat kein Paket geschickt! Zum ersten Mal an Ostern nicht! Ich schlucke...

«Fröhlichen Osterschmaus», sagt meine Mutter vergnügt und zeigt stolz auf den Osterfrühstückstisch, «guten Appetit.»

Ich habe keinen Hunger. Überhaupt nicht. Mein Vater hat kein Paket geschickt! Mein Vater hat mich vergessen! Zum ersten Mal!

«Mama», sage ich. Und dann sage ich nichts mehr. Meine Mutter schneidet Braten und schiebt sich eine dicke Scheibe in den Mund, und sie schaut fröhlich aus und hat rote Backen, und sie schält ein Osterei, und sie sieht überhaupt nicht aus, als würde sie sich wundern.

Ich setze mich. Auf meinen leeren Stuhl. Ich möchte schon essen. Aber ich kann nicht. Da ist etwas in meinem Hals. Ein Kloß, dick wie ein Osterei... da rutscht nichts drüber.

«Iß, Junge», sagt meine Mutter und kaut vergnügt, «nimm vom Schinken, der ist gut.»

Ich nehme vom Schinken. Der Schinken schmeckt wie Pappe. Alles schmeckt wie Pappe. Ich starre auf mein Osternest. Der Schokoladenhase grinst mich an. Böse. Dem beiße ich ein Ohr ab. Auch wenn Schinken und Schokolade zusammen scheußlich schmecken. Alles schmeckt scheußlich. Der Hase sieht blöd aus mit abgebissenem Ohr.

Der Hase grinst nicht mehr. Der Hase kann nichts dafür. Aber mein Vater! Der schon. Ich glaube, ich muß heulen. Aber heulen darf ich nicht. Nicht am Ostersonntag. Da wird gefeiert, nicht geheult. Da wird das Paket von meinem Vater ausgepackt... das nicht gekommene Paket.

Und jetzt heule ich doch. Meine Mutter merkt nichts, zum Glück. Ich heule nämlich unter dem Tisch. Ich binde Schnürsenkel auf und wieder zu. Dabei kann man lange heulen...
Da klingelt es. Ganz kurz. Ich horche auf. Und schaue auf die Beine meiner Mutter. Ob die Beine zur Tür laufen. Vielleicht ist es der Postbote. Der bringt das Paket! Die Beine laufen nicht. Meine Mutter ißt, seelenruhig. Als hätte es nie geklingelt. Es klingelt auch nicht mehr. Kein Postbote... kein Paket. Ich binde die Schnürsenkel wieder zu und tauche auf. Ich kann ja nicht ewig unterm Tisch hocken.

«Es hat geklingelt», sagt meine Mutter und lächelt freundlich in mein verheultes Gesicht.
Ich dreh' es schnell weg. Mütter müssen nicht alles sehen... und ich laufe zur Flurtür. Und horche. Draußen ist es still. Kein Mucks zu hören. So still, als wäre da niemand. Ich schaue durchs Guckloch. Niemand zu sehen. Ein Postbote schon gar nicht.
«Mach doch auf», ruft meine Mutter aus der Küche, «ich glaube, der Osterhase war da!» Und sie lacht so komisch. Der Osterhase! An den glaube ich ja schon lange nicht mehr. Aber wenn's ihr Spaß macht...
Ich mache die Tür auf, einen Spalt weit – und da liegt vor der Tür ein Osterei! Aber ein riesiges! So ein riesiges Osterei, wie ich es noch nie gesehen habe. Ein riesengroßes Osterei in Rosa!

Vor Schreck schlage ich die Tür zu. Und reiße sie gleich wieder auf! Ist ja blöd, sich vor einem Osterei zu fürchten, wie groß es auch sein mag.
Das Osterei liegt noch immer da. Ich starre, blinzele, starre wieder... und plötzlich rumpelt das Riesenei, wackelt kurz, liegt wieder still. Ein lebendiges Riesenei aus Pappe. Da wackelt es wieder, schwankt hin und her, und ich springe hin und halte es fest. Sonst wäre das Ei die Treppe hinunter gerollt.

Aus dem Ei brummt es, und es brummt ziemlich dumpf und ziemlich verärgert: «Jetzt pack' mich doch endlich aus, ich schwitze mich ja kaputt.» Sofort lasse ich das Ei los und springe zurück. Ein sprechendes Osterei?

«Auspacken!» brummt es und schwankt gefährlich. Und da greife ich endlich zu. Reiße und ziehe und habe eine Riesenostereipapphälfte in den Armen... und in der anderen Hälfte liegt... mein Vater. Gekrümmt, verschwitzt und grinsend.
«Endlich!» stöhnt er und steigt heraus, «ich habe schon gedacht, du kapierst es nie! Na, ist die Überraschung gelungen?»
«Papa!» sage ich und stehe blöd da, die Pappeierhälfte in der Hand.

15

«Ich habe gedacht, zu Ostern schicke ich mich mal selber», sagt mein Vater und lacht. «Heiß war's im Ei, das kann ich dir sagen, ich bin beinahe erstickt.»

Ich kann nichts sagen. Ich habe schon wieder einen Kloß im Hals. «Fröhliche Ostern», sagt mein Vater und gibt mir einen Kuß. Über die Eipapphälfte hinweg. «Papa», sage ich und lasse die Rieseneierschale fallen, aber da sitzt mein Vater schon bei meiner Mutter am Osterfrühstückstisch. So, als wäre er nie weg gewesen.

Meine Mutter seufzt ein bißchen, und sie lacht ein bißchen, und sie hat rote Backen. Und mein Vater hält mir ein Osterei entgegen. Ein blaues.

Ich nehme ein rotes und schlage es fest gegen das blaue. Das machen wir immer so... das haben wir immer so gemacht. Früher... Weil man sich dabei was wünschen darf. Wenn das Ei heil bleibt. Mein Ei bleibt heil.

Ich darf wünschen. Aber ich wünsche nichts. Ich habe schon so oft gewünscht, und nie hat es geklappt. Und heute ist Papa ja da. Wenigstens heute... heute ist er mein Ostervater...

Ich sehe meinen Vater an, und der schaut nicht zurück. Er schält sein Ei und stopft es sich schnell in den Mund. Und ich merke genau, er hat auch einen Kloß im Hals. Und ein Ei im Mund, das nicht rutschen will...

Es ist dann doch noch hinuntergerutscht. Und Schinken und Braten und Salate hinterher. Und Sekt haben Mama und Papa getrunken und viel und laut gelacht. Ich habe auch Sekt gekriegt, ein winziges bißchen, und ich habe auch laut gelacht. Und das Osterfrühstück war schön! Wir haben uns zu dritt in das Riesenpappei gesetzt. Und dabei ist es leider geplatzt. Schade. Aber mein Vater hat gesagt, er brauche es sowieso nicht mehr. Weil er uns bald wieder besucht. Schon an Weihnachten.

Und Weihnachten, das ist doch bald, oder? Vielleicht kommt er da als Christbaumkugel, wer weiß...

Komm zum Kaktus!

Ich habe einen grünen Daumen. Nicht wirklich, natürlich. Das sagt man so, wenn einer gut mit Pflanzen umgehen kann. Pflanzen waren mir schon immer das liebste. Weil sie mich brauchen. Weil sie bei mir gedeihen.

Mein Zimmer ist voll davon: Pampasgras, Gummibäume, Efeu, Kräuter.

Meine Schwester lästert über das Grünzeug.
Mein Vater spottet über das Treibhaus; der hätte lieber einen Sohn, der Fußball spielt. Nur meine Mutter läßt mich in Ruhe. Weil sie froh ist, wenn sie selber ihre Ruhe hat.
Neulich hat mir meine Oma einen Kaktus geschenkt. Sie hat ihn nicht gemocht, weil er so mickrig war. Das hat er gemerkt, der Kaktus, und darum wollte er eingehen.
Ich mag den Kaktus. Es ist mein erster. Er hat einen winzigkleinen Kugelkopf mit genau einem Stachel drauf. Das ist für einen Kaktus nicht viel.
Ich habe ihn auf meinen Tisch gestellt, dort, wo ich Hausaufgaben mache. Wenn ich welche machen muß. Da ist er ganz nahe bei mir. Ich denke, das gefällt ihm. Ich bin sicher, es gefällt ihm. Es ist ihm nämlich ein neuer Stachel gewachsen. Ganz schnell, über Nacht! Ich finde, für so einen kleinen Kaktus ist das eine tolle Leistung.
Ich habe ihn gelobt und beim Abendessen vom neuen Stachel erzählt. Es hat natürlich wie immer niemanden interessiert. «Bleib mir vom Hals mit dem blöden Grünzeug», hat meine Schwester gesagt. Ich hatte schon Angst, der Kaktus hört es und wird traurig. Weil er doch mit dem «blöden Grünzeug» gemeint war.
Ich habe ihn getröstet und ihm gesagt, er solle sich nichts draus machen. Er hat ja mich. Der Kaktus

hat seine zwei Stacheln gereckt... und am nächstenTag, da hatte er drei!
Ich habe genau gezählt und mich gefreut. Drei Stacheln, so mir nichts, dir nichts, das ist eine unwahrscheinlich tapfere Leistung.
Beim Frühstück habe ich von den drei Stacheln erzählen wollen. Kein Interesse.

«Kakteen kriegen doch Stacheln, soviel ich weiß, reich mal den Kaffee rüber», hat mein Vater gesagt.
Niemand bewundert meinen Kaktus. Bloß ich. Das hat mich schon ein bißchen gekränkt.
Nach der Schule habe ich mich wie immer hingesetzt und Hausaufgaben gemacht. Der Kaktus stand dabei. Ich habe furchtbar schlechte Laune gehabt. Nicht wegen dem Kaktus, sondern wegen den Hausaufgaben. Rechnen war gräßlich schwer, und zum Deutschaufsatz hatte ich überhaupt keine Lust. Ich habe herumgestöhnt, am Bleistift gekaut und meinen Kaktus angeseufzt.
Und plötzlich wurde mir ganz komisch. So leicht. So fröhlich.

Und der Aufsatz flutschte wie nichts. Er war nicht besonders gut, doch schlecht war er auch nicht. Und die Rechenaufgaben, die waren noch immer schwer, und ich habe viele falsch gelöst. Aber Spaß hat's gemacht. Ganz plötzlich und einfach so. Ich habe mich schon sehr gewundert, weil Hausaufgaben beinahe nie Spaß machen. Mir jedenfalls nicht.

Die gute Laune hat den ganzen Nachmittag angehalten. Bis zum Abend. Da wurde ich ziemlich sauer, weil mein Vater stundenlang Fußball im Fernsehen geschaut hat. Ich hätte ihm so gern meinen Deutschaufsatz gezeigt.

Ich bin mißmutig in mein Zimmer, zu meinen Pflanzen, zum Kaktus... und wurde wieder fröhlich.

Ich habe ein bißchen gesungen und ein bißchen gelesen und ein bißchen gemalt. Meinen Kaktus mit den drei Stacheln. Und bin vergnügt ins Bett.
Am nächsten Morgen habe ich als erstes seine Stacheln gezählt. Es sind noch immer drei. Er hat wohl zu wachsen aufgehört. Macht nichts, ich mag ihn auch mit drei Stacheln. Und überhaupt war gestern ein guter Tag. Ein fröhlicher.
Als ich aber vor dem Bad wieder stundenlang warten mußte, bis meine Trödelliese von Schwester rauskam, war ich gar nicht mehr fröhlich. Ich habe laut und bös gemeckert, bin wieder in mein Zimmer, weil das mit meiner Schwester im Bad morgens immer ewig dauert... da mußte ich plötzlich überhaupt nicht mehr meckern. Ich mußte lachen. Weil meine Schwester so eitel ist und stundenlang an sich herumschniegelt und alles bemalt, was bemalt werden kann.
Ich stand vor meinem Kaktus und lachte... und auf einmal war mir alles klar! Der Kaktus war schuld! An meiner guten Laune. Nie lache ich morgens, bloß weil meine Schwester das Bad blockiert... nie flutschen bei mir die Deutschaufsätze... nie schluck' ich es herunter, wenn mein Vater keine Zeit für mich hat...
Ich lache, und es flutscht, und ich stecke locker weg... seitdem der Kaktus vor mir steht. Mit drei Stacheln. Das ist mir jetzt klar.

Mein Kaktus hilft mir... weil ich ihm helfe. Weil ich ihn pflege. Ich habe einen dankbaren Kaktus! Mein lieber, kleiner, mickriger Kaktus...
Vergnügt bin ich zum Frühstück. Meine Mutter hat sich gewundert. Sie war ziemlich sauer, weil der Toast verbrannt war. Das passiert ihr morgens oft. Da ist sie schlecht gelaunt, weil der Tag für sie so früh anfängt.

Sie hat herumgeschimpft. Auf den Toast, auf das schlechte Wetter, auf den frühen Morgen... Sie hat mir richtig leid getan. Und da hatte ich eine Idee.

«Mama, komm zum Kaktus!» habe ich gesagt und habe sie einfach in mein Zimmer gezogen, zum Kaktus. Sie hat mächtig gezetert, hauptsächlich über den verbrannten Toast. Und ich habe gewartet, voller Spannung ...

Ich habe nicht lange zu warten brauchen! Plötzlich grinst meine Mutter, strubbelt mir durchs Haar und ruft: «Was soll's! Macht euch euren Toast selber. Ich esse sowieso lieber Schwarzbrot.»

Und sie läuft raus und tänzelt in die Küche und singt: «Schwarzer Toast gefällig, meine Herrschaften! Erstklassig verbrannter Toast! Und wem es nicht paßt, der kann mich ja ausschlafen lassen!»

Ich stehe und staune... und freue mich! Der Kaktus hat gewirkt! Auch bei meiner Mutter! Sie hat gute Laune, nicht zu überhören!

Das ist ein Beweis!

Aber ich will ganz sicher sein. Ich will den Kaktus noch weiter testen.

Ich habe ihn getestet. An meiner Schwester. Die hatte mal wieder Krach mit ihrem Freund. Ich hab' es beim Mittagessen gleich gemerkt. Trübsinnig hat sie vor sich hingeschnupft und beinahe nichts gegessen. Da habe ich sie geschnappt und in mein Zimmer gezogen.

«Komm zum Kaktus!» habe ich gesagt. Meine Schwester hat sich nicht einmal gewehrt, so traurig war sie. Sie ist hinter mir hergeschlappt, und ich habe sie vor den Kaktus geschubst. Sie hat «ach, ach» geseufzt, und ich habe schon befürchtet, das Geseufze höre überhaupt nicht mehr auf. Da hat es aufgehört.

«Ach, was soll's!» sagt meine Schwester, hebt den Kopf, schüttelt ihr Haar und wischt sich die Tränen weg. «Dieser blöde Typ! Herrschsüchtig, eitel und gemein! Soll er doch! Ich bin ich! So lasse ich mich nicht behandeln!»

Und damit stolziert sie aus meinem Zimmer, und an der Tür wirft sie mir noch eine Kußhand zu. Mir, ihrem kleinen Bruder!

«Du», sagt sie auch noch, «spielen wir mal wieder zusammen? Heute hätte ich Zeit!»

Ich staune. Sie hat sonst nie Zeit für mich. Wann spielen große Schwestern schon mal mit kleinen Brüdern? Wann haben Schwestern schon mal Zeit für kleine Brüder?

«Aber dein Typ?» rufe ich ihr nach.

«Den lasse ich schmoren!» ruft meine Schwester.

Ich bin froh. Meine Schwester trauert nicht mehr! Und das hat mein Kaktus bewirkt. Sie war Beweis Nummer drei. Fehlt nur noch mein Vater.

Aber mein Vater ist ein harter Brocken. Wenn mein Kaktus es schafft, daß sich der Bürozorn meines Vaters auflöst in Freundlichkeit, dann ist mein kleiner Kaktus allmächtig!

Ich habe am Abend lange gewartet. Papa kam ewig nicht. Das Büro reibt ihn auf, und dann kommt er erst spät nach Hause und ist kaputt, verlangt sofort nach diesem und jenem. Und wenn es nicht gleich da ist, dann schimpft er und klagt.
Und da war er endlich und schimpfte schon los: «Wann gibt's endlich zu essen, wo sind meine Pantoffeln, was gibt's im Fernsehen, wie siehst du denn wieder aus, stell den Lärm ab, ich kann euch sagen, der Müller bringt mich noch zur Verzweiflung, wo sind meine Pantoffeln!»
«Komm zum Kaktus, Papa!» habe ich gesagt und an seiner Hand gezogen. Mit Vater war's schwer. Dauernd hat er nach seinen Pantoffeln gefischt und mich angeknurrt. Da habe ich meinen dicken Vater einfach geschoben. Vorwärts, in mein Zimmer.
«Nichts als Ärger, das Büro, der Müller, die Pantoffeln!» hat Papa gezetert, aber ich habe fest geschoben. Und gehofft, vorm Kaktus ginge es ihm besser. Endlich hatte ich ihn im Zimmer. Der Kaktus hat mit keinem Stachel gezuckt. Mein Vater hat herumgetobt und dauernd nach seinen Pantoffeln gesucht. Die ja bestimmt in meinem Zimmer nicht sind.
Ich habe die Tür zugesperrt, für alle Fälle... Und ich habe schon befürchtet, diesmal würde der Kaktus versagen...

Da ist mein Vater plötzlich friedlich geworden. Er hat breit gegrinst und «guten Abend, na, wie war denn dein Tag, erzähl doch mal!» gesagt und sich tatsächlich auf mein Bett gesetzt.
Leider hat da meine Mutter zum Abendessen gerufen. Gerufen? Sie hat gesingsangt: «Abendessen, meine Lieben!» und mein Vater ist raus. Ich hinterher.

Beim Abendessen wollte ich die Bombe platzen lassen, die Kaktus-Bombe.
Ich habe sie platzen lassen, aber sie ist ins Leere gepufft. Niemand hat zugehört. Sie haben alle durcheinander geschwatzt und gelacht, und eine Stimmung war, wie sonst an Weihnachten. Und selbst da ist es nicht immer so.

Es hat den ganzen Abend angehalten, bei allen.
Nur zum Erzählen bin ich nicht gekommen. Mein Vater wollte spielen, nicht fernsehen, oh Wunder. Mir war es sehr recht! Spielen ist immer gut.
Und außerdem, habe ich mir überlegt, glauben sie mir wahrscheinlich doch nicht. Das mit dem Gute-Laune-Kaktus. An Merkwürdiges glaubt meine Familie nicht. Auch nicht mit guter Laune.
Ich hab' mich halt für mich alleine gefreut und den Abend genossen. Vor dem Schlafengehen habe ich den Kaktus gestreichelt – über seine drei Stacheln. Er ist uns eine große Hilfe! Die nächsten Tage waren nämlich herrlich. Eine muntere, vergnügte Familie. Laut und fröhlich und friedlich.
Das Essen hat geschmeckt. Die Abende waren ein reines Miteinander, und zwar nicht nur vorm Fernseher. Da war viel Freundliches und Lustiges.
«Es muß am Wetter liegen», haben meine Eltern gesagt und fröhlich in den grauen Nieselregen geschaut.
«Es liegt am Kaktus», habe ich gesagt. Aber bloß leise. Ich habe mich entschlossen, das Kaktus-Geheimnis nicht zu verraten. Wenn man ein Geheimnis verrät, dann verliert es vielleicht an Wunderkraft? Das wollte ich nicht riskieren...
Immer, wenn jemand anfing, trübsinnig zu schauen, habe ich ihn in mein Zimmer gelockt. Es war nicht immer leicht. Aber stets ist dann der Jemand

31

fröhlich aus meinem Zimmer wieder herausgekommen. Gut gelaunt. So, wie es der Kaktus und ich gerne haben.

Meine Hausaufgaben habe ich nur noch vor dem Kaktus gemacht. Die flutschten wie nichts. Besser allerdings wurden sie nicht. Hausaufgaben sind halt schwer, dafür kann der Kaktus ja nichts.

Eine schöne Zeit haben wir gehabt. Papa hat mit Mama herumgeschmust. Und mit mir hat er lange Spaziergänge gemacht. «Mal reden von Mann zu Mann», hat er gesagt, und beinahe hätte ich ihm von Mann zu Mann das Kaktus-Geheimnis erzählt. Aber nur beinahe. Ich habe noch rechtzeitig heftig an meinem Eis geschleckt. Eis hat mir nämlich mein Vater fast immer gekauft...

«Laß uns zusammen kochen», hat meine Mutter zu

mir gesagt, und sie hat mich alles selber machen lassen, und das hat mir großen Spaß gemacht.
Und meine Schwester, die hat plötzlich entdeckt, daß sie einen kleinen Bruder hat. Sie hat mich oft ganz überraschend abgeschmatzt, das war mir nicht so recht. Sie hat mir aber auch manchmal bei meinen Hausaufgaben geholfen. Und das war mir sehr recht. Wir haben zusammen vor dem Kaktus gesessen, sie hat geduldig erklärt, und ich habe dem Kaktus zugeblinzelt. Der hat, wie immer, mit keinem Stachel gezuckt. Der war überhaupt wie immer. Dreistachelig und klein. Gewachsen ist er keinen Millimeter.

«Braucht er ja nicht», habe ich gedacht, «er darf bleiben, wie er ist. Hauptsache, wir bleiben auch so, wie wir jetzt sind. Für immer!»

Aber dann, eines Tages...
Ich komme aus der Schule, mache die Tür auf, pfeife mir was, da sehe ich meine Mutter mit gerunzelter Stirn, wie sie ungeduldig die Kartoffeln im Topf schüttelt. Als hätten die Kartoffeln Gottweißwas verbrochen.

«Aha», denke ich, «es ist Kaktuszeit!» Und ziehe meine Mutter in mein Zimmer. Zum Kaktus. Da ist der Kaktus weg. Dort, wo er gestanden hat, auf meinem Tisch... ein leerer Fleck.

«Mein Kaktus!» sage ich fassungslos.

«Ach der», sagt meine Mutter gleichgültig, macht sich los und schlurft wieder raus, «den habe ich heute Tante Lori geschenkt, sie hat Geburtstag. Ich hoffe doch, du hast nichts dagegen.»

Nein, gegen Tante Loris Geburtstag habe ich nichts. Aber ich habe was gegen meinen Kaktus als Geburtstagsgeschenk. Sehr sogar. Es ist mein Kaktus. Unser Kaktus. Unser Gute-Laune-Kaktus. Jetzt ist er weg. Und Mamas gute Laune ist auch weg, klar!

Sie kann ihn doch nicht einfach verschenken. Wir brauchen ihn! Man sieht ja, wie sehr wir ihn brauchen. Mama schnüffelt geradezu vor schlechter Laune.

Ich stürze in die Küche. Meine Schwester ist auch da, und wie sie da ist! Sie läßt den Kopf hängen und stochert mißmutig in den Kartoffeln herum.

34

Und Vater kommt! Latschlatsch, brummbrumm...

Es ist wie früher! Mir wird ganz anders... der Kaktus muß wieder her, sofort!

Und ich erzähle! In mißmutige, gelangweilte Gesichter hinein. Aber sie hören zu. Wenigstens hören sie zu. Weil sie sonst nichts zum Reden haben, weil sie maulfaul vor sich hinschweigen. Sie winken müde ab, mampfen vor sich hin. Aber dann sehen sie mich an, und meiner Schwester bleibt fast eine Kartoffel im Halse stecken.

Ich weiß ja, meine Kaktusgeschichte klingt unwahrscheinlich, erfunden, gesponnen... aber sie ist wahr! Weil wir sie alle erlebt haben!

Sie müssen mir glauben, und sie müssen begreifen, daß der Kaktus wieder her muß!

Sie glauben mir! Besonders Mama.

«Ich habe mich gewundert, warum ich am Morgen immer so lustig war», sagt sie, «ich dachte schon, mit mir stimmt was nicht.»

«Ich habe gehofft, ich bliebe jetzt immer so», klagt meine Schwester und schiebt die Kartoffeln weg, «ich habe mich ganz prima gefühlt.»

«Und ich habe gedacht, endlich sei ich klug geworden, und der Büroärger rutsche an mir ab», stöhnt mein Vater, «dabei war es der Kaktus.»

Der Kaktus muß wieder her. Wir sind uns alle einig. Wir beraten. Die Beratung dauert nur kurz:

Mama muß den Kaktus Tante Lori wieder abschwatzen. Wie, das ist ihre Sache. Schließlich hat sie ihn verschenkt!

Mama hat zwar geseufzt, aber sie hat versucht, ihn Tante Lori abzuschwatzen. Noch am gleichen Nachmittag. Bloß, da war nichts mehr abzuschwatzen. Eine kichernde Tante Lori hat sie empfangen und meiner Mutter eröffnet, Kakteen könne sie nicht leiden. Sie habe das Mickerding verschenkt. Sie hoffe, das nähme ihr niemand übel. Und jetzt gäbe es Kaffee, einen Kuchen hätte sie schon gebacken, einfach so. Weil sie Lust darauf gehabt habe. Mama mußte Kaffee trinken und Kuchen essen bei einer fröhlich gackernden Tante Lori.

«Der Kuchen war prächtig», hat sie berichtet, «und Tante Lori frisch und munter. Sie hat sich so sehr über meinen Besuch gefreut.»

«Und der Kaktus?» haben wir gefragt. Den hat sie dem Hausmeister gegeben. Dem, der immer so mürrisch ist.

Auf zum Hausmeister, haben wir beschlossen. Mein Vater war dran. Papa kommt mit Männern gut zurecht, wenn sie nicht gerade Müller heißen und Büroärger machen.

Papa kam mit einem Schwips zurück, aber ohne Kaktus! «Stachelzeug mag der nicht», hat Papa gehickst, «aber einen Wein hat er mir angeboten, ich sage euch, ein prächtiges Tröpfchen... wir haben uns glänzend unterhalten. Über das Reparieren von Kaktüssen... äh, Türküssen... äh... Türschlössern...»

«Und der Kaktus?» haben wir gedrängt. «Ist weg», hat Papa gegrinst, «beim Untermieter, einem jungen Typ. Der hat nichts Grünes im Zimmer, der arme Kerl.»

Zum Untermieter, dem jungen Typ, mußte meine Schwester. Sie blieb lange weg. Aber als sie kam, da hatte sie rote Backen und Glitzeraugen und trällerte vor sich hin. Den Kaktus hatte sie nicht dabei. «Wo ist er?» haben wir gefragt.

37

«Ach, er...», hat meine Schwester träumerisch gesagt, «er ist sehr nett. Er spielt Gitarre, wundervoll.»

«Der Kaktus?» hat Papa verdutzt gefragt. Ihm steckte noch der Wein im Kopf... «Den Kaktus hat er natürlich verkauft», hat meine Schwester vorwurfsvoll gesagt, «er studiert noch, das kostet schließlich Geld, das seht ihr doch ein!» Wir sehen es ein. Aber wohin hat er ihn verkauft, meinen Kaktus?

«An eine Blumenhandlung», säuselt meine Schwester und träumt vor sich hin.

Blumenhandlung. Da muß ich hin, das ist klar. Ich sause los und komme knapp vor Ladenschluß an.

«Womit kann ich dienen, junger Mann?» fragt freundlich der Verkäufer und hat es mit der Ladenschlußzeit überhaupt nicht eilig. Ich beschreibe meinen Kaktus, besonders die drei Stacheln. Der Verkäufer hört geduldig zu, sucht alle Regale ab, meinen Kaktus findet er nicht. «Ich muß ihn wohl verkauft haben, das tut mir aber leid», sagt er schließlich und schenkt mir ein Fleißiges Lieschen. Ich will kein Fleißiges Lieschen, ich will meinen Kaktus! «Wem verkauft?» frage ich und beschaue doch das Fleißige Lieschen. Es blüht schön, es könnte aber noch viel schöner blühen... bei mir wird es das bestimmt...

«Es tut mir so leid», sagt der Verkäufer und lächelt mich mitleidig an. «Ich weiß es beim besten Willen nicht mehr. Ich kann mir nicht alle Kunden merken, weißt du.»

Das muß ich einsehen. Ich ziehe ab, ohne Kaktus. Mit einem Fleißigen Lieschen.

Die Kaktus-Spur ist verwischt!
Wir haben vielleicht gestöhnt. Und beraten und beraten. Wie finden wir nun unseren Kaktus wieder?
Wir haben ein Inserat in die Zeitung gesetzt:

> *«Dreistacheliger Kaktus vermißt!*
> *Abzugeben gegen Belohnung.»*

Es tat sich nichts. Wir haben in alle Blumenhandlungen geschaut. Nichts. Wir haben im botanischen Garten die Kakteensammlung besucht und dort geduldig Stacheln gezählt. Unser Kaktus war nicht dabei.
Wir haben herumgefragt: Wer hat einen kleinen Kaktus mit drei Stacheln? Niemand!
Der Kaktus war und blieb verschwunden. Bis heute! Bis jetzt. Dem Kaktus auf der Spur aber waren wir viele Male. Oft. Wir haben freundliche Menschen getroffen, wenn wir gesucht haben. Sie haben zugehört und gelacht und überlegt... gefunden haben wir den Kaktus nicht.
Die Kaktusspur ist trotzdem deutlich: die Bäckersfrau schenkt mir jetzt immer Bonbons, wenn ich Brot einkaufe. Das hat sie früher nie gemacht. Sicher hat sie den Kaktus einmal gehabt...
Papa erzählt, daß ihn der Müller im Büro längst nicht mehr so ärgert wie früher. Bei dem war der Kaktus bestimmt.

Mama geht inzwischen oft zu Tante Lori zum Nachmittagsschwatz, und sie geht gerne hin, weil es da jetzt sehr gemütlich ist. Bei Tante Lori war der Kaktus, das wissen wir.

Der Hausmeister schimpft nur noch selten. Er trifft sich öfters mit Papa, und dann schwatzen sie gemeinsam über Türschlösser...

Meine Schwester hat es jetzt ganz wichtig mit dem Gitarren-Untermieter-Studenten. Sie kommt immer mit glänzenden Augen nach Hause und schmatzt mich dann ab. Sie gibt wohl Schmätze weiter...

Ich habe neulich gedacht: jetzt habe ich ihn! Den Kaktus! Weil mein Turnlehrer mich gelobt hat, als ich so jämmerlich an der Sprossenwand hing. Der Turnlehrer wußte aber nichts von einem Kaktus, als ich gefragt habe. Er wollte auch lieber mit mir über Sprossenwände reden und die Schwierigkeiten, die unsportliche Buben wie ich damit haben. Es war mir recht...

Ich glaube nicht, daß wir meinen Kaktus noch finden. Ich denke, wir brauchen ihn auch nicht mehr. Höchstens manchmal... Wir unternehmen viel mehr zusammen als früher. Viele, viele Kaktussuchausflüge. Mama schläft morgens länger. Meine Schwester und ich machen Frühstück. Bei uns brennt der Toast auch an... Papa fragt abends zuerst nach dem Kaktus und lacht über unsere Erlebnisse.

Ich mache meine Hausaufgaben jetzt vor dem Fleißigen Lieschen. Es hat schon mindestens sechs Blüten mehr, es ist eben fleißig. Darum bin ich es auch. Faul vor einem Fleißigen Lieschen zu sitzen, das geht doch nicht.

Ich denke aber oft an meinen Kaktus. Wo er jetzt wohl ist? Hoffentlich hat ihn niemand weggeschmissen.

Am liebsten möchte ich allen laut zurufen: Achtung, Leute! Wer einen dreistacheligen Kaktus kriegt: freut euch daran! Und schenkt ihn weiter! Er ist ein absolut sicherer Wunderkaktus! Für absolut sichere gute Laune! Denkt daran, Leute!

Pizza mit Achim

Achim hat geschrieben. Heute! Ich habe ziemlich drauf gewartet. Jeden Tag. Seit achteinhalb Tagen. Seit achteinhalb Tagen ist Achim weg für immer. Er wohnt jetzt im Ausland mit seinen Eltern. Weil seine Eltern das so beschlossen haben. Wenn Eltern beschließen, dann können Kinder nichts machen. Sie müssen mit.
«Du findest dort bald einen neuen Freund», haben ihn seine Eltern getröstet. Achim hat es nicht geglaubt. Und ich hab' es nicht gehofft. Ich hoffe es noch immer nicht...
Zum Abschied hat mir Achim kräftig auf die Schulter geklopft. Ich wollte ihm was schenken. Zum Abschied. Mir ist aber nichts eingefallen. Ich habe ihm nur fest in die Rippen geboxt. Das gab bestimmt einen blauen Fleck. Den hat er sicher heute noch. Und wenn er den sieht, beim Duschen oder Schwimmen, dann weiß er doch, der ist von mir...

Dem Möbelwagen mit Achim drin habe ich lange nachgewinkt. Das hat der Achim nicht so gerne, wir winken uns nie nach.

45

Aber Achim hat das Winken nicht sehen können, weil der Möbelwagen gleich um die Ecke gebogen ist. Da konnte ich lange winken... bis mein Arm beinahe lahm war.

Dann habe ich angefangen zu warten. Weil Achim fest versprochen hat, er schreibt.

Und heute, heute hat Achim endlich geschrieben. Eine Postkarte. Eine Postkarte ist kein Brief. Eine Postkarte ist besser als nichts. Als ich aus der Schule kam, naß geregnet, da hat mir meine Mutter schon entgegengewinkt. Mit der Postkarte.

«Von Achim!» hat sie gerufen, und ich habe ihr die Karte aus der Hand gerissen. Das ist meine Post. Die darf niemand lesen. Auch meine Mutter nicht. Besonders nicht, wenn die Post von Achim ist. Das ist mein Freund, nicht ihrer.

Meine Mutter hat die Karte losgelassen. Sie hat dazu freundlich gelächelt. Sie hat mich sogar streicheln wollen.

Ich habe den Kopf schnell weggezogen, und die nasse Jacke habe ich einfach auf den Boden geschmissen. Da hat sie was zum Aufheben. Da braucht sie sich nicht um meine Achim-Post zu kümmern. Gelesen hat sie sie ja sowieso schon. Leider.

Jetzt lese ich. Im Badezimmer. Ich hocke mich einfach in die leere Badewanne, mit Kleidern und Schuhen... das stört meine Mutter bestimmt! Das hat sie davon! Was liest sie auch meine Achim-Karte...

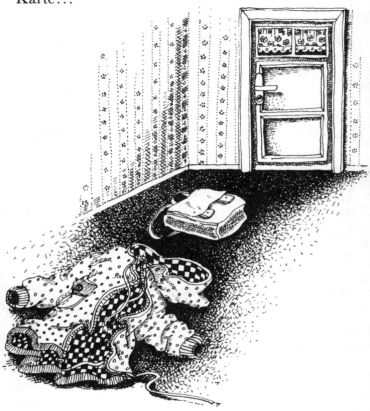

Gelesen habe ich sie schnell. Weil auf der Karte wenig steht. «Alles prima hier! Dein A.»
Das «A» hat einen dicken Punkt. «A» heißt Achim. Dein Achim. Mein Achim. «AllesprimahierdeinA!» Alles prima hier... prima ohne mich?

Ich schaue die Postkarte an. Die Bildseite glänzt. Die Sonne scheint auf Leute. Die sitzen vor einem Café, rotweiße Sonnenschirme sind aufgespannt. Die Leute sehen fröhlich aus. Sie haben dünne Blusen an, und sie sind braungebrannt. Eisbecher stehen auf den Tischen. Und ein Springbrunnen spritzt. Spritzt hoch und silbrig, mitten auf dem Platz vor dem Café. Kinder in kurzen Hosen spielen am Springbrunnen, lassen Schiffchen schwimmen, spritzen sich naß... und niemand steht auf und schreit: «Laß das! Du erkältest dich noch!»

Ein Kind steht sogar im Brunnenbecken, ein Kind im grüngestreiften Hemd. Steht da und reckt den Kopf, reckt ihn in Springbrunnensprüh hinein, sperrt weit den Mund auf... und lacht und spuckt...

Achim lacht und spuckt... Gleich wird er sein Hemd ausziehen und es ins Becken klatschen lassen. Er wird herüberschauen, zum Café, da sitzen seine Eltern und löffeln Eis und haben nichts gesehen. Achim wird grinsen und blitzschnell untertauchen. Ins Springbrunnenbecken. Er wird schwimmen. Eine Springbrunnenrunde. Er ist noch nie in einem Springbrunnen geschwommen. Ich auch noch nicht.

Die Kinder werden kreischen und johlen. In einer Sprache, die ich nicht verstehe. Achim wird es verstehen. Nämlich, daß Springbrunnenschwimmen verboten ist. Es wird ihm egal sein. Er wird es versuchen wollen. Es wird ihm nicht gut gelingen, das Becken ist flach.

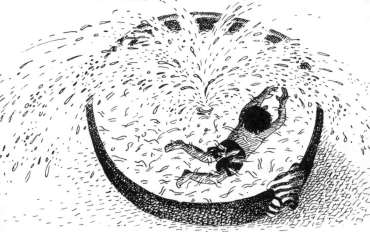

Achim wird auftauchen, sich schütteln und sich klatschnaß auf den Springbrunnenbeckenrand setzen. Er wird sich von der Sonne trocknen lassen.
Die Kinder werden lachen. Achim wird ihnen sein nasses Hemd an die Köpfe schmeißen, die Kinder werden es zurückwerfen, Achim an die Rippen. Dort, wo der blaue Fleck ist. Mein Abschieds-Box-Fleck... den wird Achim spüren. Er schmerzt ein bißchen. Und Achim wird sich erinnern, an mich... er wird an mich denken. Ganz kurz. Aber das genügt.
Plötzlich wäre ich da. Neben ihm auf dem Springbrunnenrand. Ich würde die Füße ins Wasser

49

halten. Und Achim würde grinsen. Er würde mich hineinschubsen wollen, nur so, zum Spaß. Er würde mich nicht hineinschubsen können, weil ich stärker bin. Wir würden uns raufen. Ein bißchen. Auf dem Springbrunnenrand, im Springbrunnenwasser. Tropfen würden sprühen, auf uns und auf die Kinder, die kreischend vor uns herumspringen. Wir würden Hunger kriegen. Wir kriegen immer gleichzeitig Hunger. Wir würden, naß wie wir sind, zu Achims Eltern laufen. Zum Café-Tisch. Wir würden uns auf weißlackierte Stühle setzen, und unter uns wäre eine Springbrunnenpfütze.

Und Achims Eltern würden nicht schimpfen. Sie würden dem Kellner winken, und der würde zwei mächtige Eisbecher bringen. Schokolade mit Sahne für mich, Vanille mit Früchten für Achim. Wir würden löffeln und uns über Schokoladeneis und Vanilleeis angrinsen. Achim würde mir eine Erdbeere schenken. Ich würde ihm dafür von meiner Sahne abgeben.

Achims Eltern würden uns eine Pizza bestellen. Eine große, runde Pizza, mit allem drauf, was wir mögen. Eine für uns zwei. Der Kellner würde die Pizza bringen...

Und da wird plötzlich ein Junge neben Achim stehen. Groß wie er, groß wie ich. Er wird Achim was fragen. Etwas, was ich nicht verstehe. Und Achim wird antworten.

Der Junge wird Achim ein Schiff zeigen, das hat er in der Hand. Ein prächtiges Schiff. Eines, das ferngesteuert schwimmt. Eines, das sich Achim schon lange gewünscht hat.

Achim wird aufspringen und mit dem Jungen zum Springbrunnen rennen. Achim wird das tolle Schiff steuern dürfen.

Sie werden zusammen reden. Sie werden zusammen lachen.

Und ich werde dasitzen. Vor der duftenden Pizza. Und Achim wird weg sein, mit dem fremden Jungen am Springbrunnen.

51

Ich werde warten. Vor der duftenden Pizza. Ich werde lange warten, sehr lange, zu lange... Achim wird nicht kommen. Achim wird eine Postkarte kaufen. Zusammen mit dem fremden Jungen. Dem mit dem tollen Schiff.
Auf der Postkarte werden Leute vor einem Café sitzen, unter rotweißen Sonnenschirmen. Und ein Springbrunnen spritzt, und Kinder in kurzen Hosen spielen am Springbrunnen, und ein Kind steht im Brunnen, ein Kind im grüngestreiften Hemd.
Achim wird schreiben. Auf die Postkartenrückseite.
Er wird schreiben: «Alles prima hier! Dein A.»
Und der fremde Junge wird ihm dabei zusehen, und sie werden gemeinsam die Postkarte einwerfen...
Und ich werde bald eine Postkarte bekommen. Eine Postkarte von Achim. Und ich werde wissen, Achim hat an mich gedacht. Ich werde aber auch wissen, Achim hat vielleicht einen neuen Freund gefunden, im Ausland, am Springbrunnen. Auch im Ausland gibt es Freunde. Achim hat es nicht geglaubt. Ich habe es nicht gehofft. Jetzt weiß ich es.
Ich weiß es jetzt. Hier in der Badewanne. Ich drehe die Dusche auf. Soll sie alles naß spritzen, mich, die Kleider, die Schuhe und alles. Eine Dusche ist beinahe wie ein Springbrunnen, beinahe...

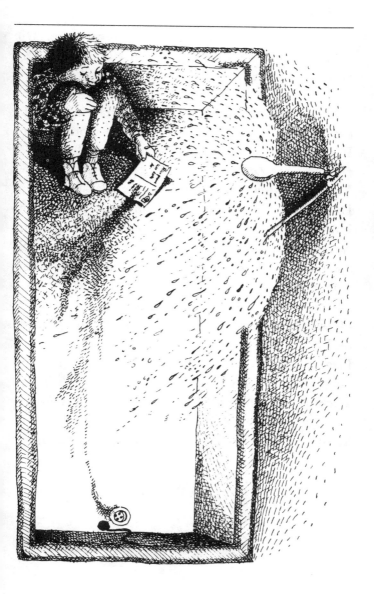

Die Dusche spritzt auch auf die Postkarte. Die Achim-Schrift zerläuft. Und auf das Achim-«A» fällt ein dicker Tropfen. Aber das ist kein Wasser...

Da steht meine Mutter in der Tür. Ich drehe nicht die Dusche ab. Soll sie doch zetern. Sohn in der Badewanne, in Kleidern, Schuhen und allem... ein richtiger Zeter-Anlaß.

Meine Mutter zetert nicht. Sie stellt stumm die Dusche ab. Sie reicht mir stumm ein Handtuch. Und ehe ich den Kopf wegdrehen kann, streicht sie mir übers klatschnasse Haar. Sie schaut mich an. Ich blinzele zurück. Duschwasser ist in meinen Augen.

Duschwasser? Jawohl, Duschwasser!

«Komm jetzt, es gibt Pizza», sagt meine Mutter und geht raus.

Pizza gibt's! Ich habe keinen Hunger. Ich habe doch Hunger. Auf Pizza. Auf Pizza mit Achim...

«Achim, ich komme schon!» rufe ich und bleibe erschrocken stehen...

Meine Mutter lächelt mir entgegen. Und nimmt mich in den Arm.

Meistens geht's mir gut mit dir

Also, ich bin vielleicht froh: mein Bruder ist weg! Endlich!

Naja, er ist nicht für immer weg, bloß für vierzehn Tage. Im Kinderheim, zur Erholung. Papa bringt ihn gerade hin, im Auto; mindestens zwei Stunden müssen sie fahren. Jetzt sind sie weg.

Vierzehn Tage. Das ist ganz schön lang. Es wurde aber auch Zeit, das war ja nicht mehr auszuhalten. So etwas Zappeliges, so etwas Blasses wie mein Bruder. Gegessen hat er auch nichts mehr, oder bloß Pudding, und jeden Tag das Gezeter am Tisch... «mag nichts essen, hab keinen Hunger, mag nichts essen...» Und Bübchen braucht auch nicht zu essen, Bübchen kriegt Pudding, denn essen muß das Kind, wenigstens etwas, sagt die Mama. Und prompt kriegt das Bübchen seine Extrawurst, also den Pudding.

Ich kriege ja auch Pudding, aber vorher muß ich mein Gemüse aufessen, da gibt es nichts, da wird nicht lang gefackelt, bei mir, meine ich. Bloß beim Bübchen...

Naja, nun ist er im Kinderheim. Hoffentlich. Da wird er schon lernen zu essen, da bin ich sicher, die braten ihm keine Extrawurst. Geht ja auch gar nicht, bei so vielen Kindern.

Wieviel Kinder sind da wohl?

Also, mindestens zwanzig, zwanzig doch mindestens, wenn nicht mehr. Auf dem Prospekt hat das

Haus ziemlich groß ausgesehen, ein großer grauer Kasten, da gehen doch mehr als zwanzig Kinder rein. Ist ja egal.

Jedenfalls kriegt er da keine Extrawurst gebraten, da hüpft keine Mama um ihr Bübchen herum und bettelt: «Noch ein Häppchen, Spätzlein, noch ein klitzekleines Häppchen!»
Und hier ist endlich einmal Ruhe. Schön! Vierzehn Tage lang. Jetzt habe ich endlich unser Zimmer für mich – das ist ja wirklich eine Zumutung, ein einziges Zimmer für ihn und mich!
Die Legosteine packe ich am besten gleich weg. Dauernd stolpert man hier über Legosteine!

Die liegen sogar auf meinem Schreibtisch, wenn ich Hausaufgaben machen will. Oder soll. Wie soll man denn Hausaufgaben machen, wenn einem dauernd ein kleiner Bruder zwischen den Beinen herumkriecht und ausgerechnet auf meinem Schreibtisch Legosteintürme baut. Immer auf meinem Schreibtisch. Und immer Türme! Erst baut er sie, hoch und wackelig, und schwätzt dazu, und dann wirft er sie wieder um.

Wozu baut er Türme, wenn er sie doch wieder umschmeißt! Versteh ich nicht. Und wenn er schon Türme bauen muß, dann soll er sie in seiner Spielecke bauen, da hat er doch Platz... Aber nein, auf meinem Schreibtisch muß es sein. Mitten aufs Rechenheft.

Ich bin ja nicht scharf aufs Rechnen, aber Legosteintürme haben auf meinem Heft nichts zu suchen, das ist klar.

Die Wohnung ist halt zu klein. Ich brauche ein eigenes Zimmer, das wär was. Tür zu und Schluß. Naja, habe ich ja jetzt, wenigstens vierzehn Tage lang.

Ob er im Kinderheim auch Legosteintürme baut? Steine hat er keine eingepackt, bloß seinen Teddy, aber die werden wohl auch Legosteine haben, die haben sicher Spielzeug... Mit Legosteinen spielt er aber am liebsten.

Die werden sich freuen, wenn er dann die Türme

einreißt, und es scheppert, daß einem die Ohren abfallen. Aber mit irgend etwas muß er ja spielen dürfen, er kann doch nicht bloß mit seinem Teddy spielen. Mit dem spielt er auch nicht richtig, mit dem schmust er. Küßchen hier und Schmätzchen da, und dann meint er, ich seh' es nicht. Ich seh' es aber doch, ich tu bloß so, als sähe ich es nicht...
Und dann krabbelt er auf meinen Schoß und patscht mit seinen Dreckpfoten auf meine Backen und will schmusen... das mag ich nicht.
... Ich muß doch für die Schule arbeiten, da kann ich ihn wirklich nicht gebrauchen. Da stört er.

Er stört überhaupt ziemlich oft. Wenn Gabi kommt, und wir reden und stellen uns Musik an: immer ist er dabei. Die Gabi macht schon blöde Bemerkungen, Babysitter und so. Ich kann doch nichts dafür! Wenn ich ihn zu Mama in die Küche schicken will, dann heult er, und die Mama ist dann auch überfordert, da lasse ich ihn halt hierbleiben.

Meistens hockt er sich dann auch ganz still in seine Spielecke, nimmt seinen Teddy auf den Schoß und kaut an Teddys Ohr.
Aber er hört zu, da bin ich ganz sicher, der hört ganz genau zu. Verstehen tut er bestimmt nicht alles, ach was, er ist noch viel zu klein, er ist ja erst vier. Manchmal vergessen wir ihn, die Gabi und ich, weil er so still ist. Wir machen Musik und knabbern Kekse und hören immer dieselbe Platte, weil wir die so toll finden... «maledetta primavera...» was Italienisches, echt toll... die spielen wir immer wieder...

Und dann singt er plötzlich mit, aus seiner Spielecke heraus, ziemlich leise und ziemlich falsch, aber das klingt so lustig, und ich muß lachen... Bloß Gabi, die findet das nicht lustig, sie rümpft die Nase und singt ganz laut die richtige Melodie... aber wenn er das doch noch nicht kann, der ist ja noch klein, und die Melodie ist ganz schön schwierig.

Ich finde das ziemlich blöd von Gabi, die braucht sich gerade aufzuspielen, die singt nämlich auch nicht immer richtig... aber Gabi hat halt keinen kleinen Bruder, das merkt man, keine Ahnung hat die.
Ob sie jetzt schon im Kinderheim sind? Müssen sie wohl, oder doch beinahe, es ist ja gleich dunkel...

Im Dunkeln fürchtet er sich... Aber Papa ist ja dabei. Ich fürchte mich nicht im Dunkeln, klar... aber er. Dann kann er nicht einschlafen und bettelt, ich solle ihm das italienische Lied vorsingen, und das tu ich auch manchmal... eigentlich ziemlich oft, und dann summt er so leise mit und kuschelt sich... Ob die im Kinderheim einen Plat-

tenspieler haben? Ob die wohl die italienische Platte haben? Weil er die doch so gerne mag. Vielleicht kann ich sie ihm ja schicken... Aber am liebsten hat er, wenn man ihm vorsingt.
Dort singt ihm bestimmt keiner vor, ob ihm da jemand vorsingt? Wenn man ihm nicht vorsingt, dann schläft er nicht gut. Manchmal heult er im Schlaf, so laut, daß man beinahe aus dem Bett fällt.
Ich weiß auch nicht, warum er heult. Er heult halt, und wenn ich ihm dann was vorsinge und ihm den Teddy in den Arm drücke und die Bettdecke glattziehe, schläft er gleich wieder ein, und dann grinst er im Schlaf...
Und wenn er jetzt abends im Kinderheim heult? Er heult bestimmt. Ich weiß das doch. Vielleicht hört das keiner. Oder wenn es einer hört, dann schimpfen sie mit ihm. Aber man darf nicht mit ihm schimpfen, er heult doch nicht mit Absicht. Ich weiß das. Er ist halt noch klein.
Naja, er kommt ja bald wieder, schon in vierzehn Tagen, das ist gar nicht so lang...
Ich habe Papa auch gesagt: wenn er heult, dann bringe ihn lieber gleich wieder mit. Denn das bringt ja nichts. Wir können ihn schon noch ein bißchen aushalten, meine ich... Und Mama ist ja jetzt schon völlig fertig, ihr Bübchen ist weg, die hockt im Wohnzimmer, sagt keinen Ton...

Ganz schön still ist es hier, richtig ungemütlich, da muß man sich erst dran gewöhnen, daß es jetzt so still hier ist, beinahe einsam. Er stört ja eigentlich auch gar nicht so... bloß ein bißchen, manchmal, wenn er Legosteintürme auf meinem Schreibtisch baut.

Vielleicht heult er jetzt... hoffentlich heult er jetzt. Ganz laut. Dann bringt ihn Papa wieder mit nach Hause. Das hat er mir versprochen. Versprochen ist versprochen. Wenn er heult, hat er gesagt, dann packe ich ihn gleich wieder ins Auto, und wir fahren zurück...

Hoffentlich heult er, hoffentlich bringt ihn Papa wieder mit! Dann darf er auch seine blöden Türme auf meinem Schreibtisch bauen, also, nicht dauernd, aber manchmal... Dann darf er auch ganz laut mit der Platte mitsingen, und wenn Gabi eine Schnute zieht, sag ich ihr was, aber ziemlich deutlich.

Die hat ja keine Ahnung, wie das ist, so allein in einem Kinderheim, und niemand ist da, den man kennt, und alles ist ganz fremd...

Heul, Bruder, heul ganz laut, dann bringt dich der Papa wieder mit, und dann bist du wieder da, und dann spielen wir... und dann schenk ich dir was, und du kriegst Pudding und...

Ich möchte gerne, daß du wieder da bist...

Mein kleiner Bruder soll wieder da sein!

Judith

Ich kann die Judith nicht mehr leiden. Das ist eine ganz doofe Kuh! Ach was, so doof wie die sind Kühe nie...
Kühe sind freundliche, nützliche Tiere. Die Judith ist eine ganz Unnützliche. Und freundlich ist die auch nicht. Die ist richtig unfreundlich. Zu mir jedenfalls. Zu anderen ja nicht. Da ist sie zuckersüß.
Erst gestern hat sie Simon einen Bleistiftspitzer geschenkt, einfach so. Einen Auto-Spitzer. Ich hab' es genau gesehen. Alle in der Klasse haben es gesehen. Es haben ja auch alle sehen sollen. Damit sie mal wieder wissen, wie zuckersüß die Judith ist. Simon hat gestrahlt, und in der Pause hat er Judith von seinem Pausenbrot abbeißen lassen. Die hat vielleicht gierig geschlungen. Das halbe Pausenbrot hat sie Simon weggefressen.
Aber so ist die, genau so!
Simon ist das mit dem Brot nicht aufgefallen, der hat bloß den Spitzer gesehen. Die anderen auch. Und sogar Frau Grüber ist auf die zuckersüße Judith hereingefallen. Sie hat sie gelobt, wegen so einem doofen kleinen Spitzer. Sie hat gesagt, sie finde es toll, daß sich Judith um Simon kümmere. Weil sich sonst niemand um den kümmert. Kümmert! Einen Spitzer schenken ist doch nicht kümmern!
Die Judith ist beinahe geplatzt vor Stolz über das

Lob, sie hat hochnäsig in der Klasse herumgeschaut. Aber zu mir hat sie nicht geschaut, oder höchstens ein bißchen aus den Augenwinkeln.
Für Judith bin ich Luft! Das weiß ich längst. Seit den Sommerferien. Da hat es angefangen.
Meine Mama hat gesagt, ich dürfe wieder ein Kind mit in die Ferien nehmen. Damit ich nicht so alleine bin, und damit sie und Papa von mir entlastet sind.
Ich habe immer die Judith mitgenommen. Wir sind ja Freundinnen. Wir waren Freundinnen...
Und außerdem waren ihre Eltern ganz froh, mal ohne Judith verreisen zu können.
In den Ferien war es mit Judith immer toll. Wir haben alles zusammen gemacht. Schwimmen und essen und spielen sowieso. Wir haben in einem Zimmer schlafen dürfen. Und da haben wir so laut und so lange Gespenster gespielt, bis meine Eltern Krach geschlagen haben. Oder wir sind zusammen unter eine Bettdecke gekrochen und haben uns was leise ins Ohr erzählt. Das war schön schummerig. Es waren immer tolle Ferien, für mich, für Judith, und für meine Eltern auch.
Diesmal aber hat Judith nicht mitdürfen. Weil ihre Eltern gemeint haben, sie wollten auch mal was haben von ihrer Tochter, und sie reisen mit ihr zur Oma. Das hat Judith ganz schön gestunken. Und mir auch.

Aber wehren kann man sich nicht. Wenn die Eltern wollen, dann wollen sie, da kann man als Kind gar nichts machen.

Eigentlich war es ja auch ganz schön, daß Judiths Eltern die Judith mal mitnehmen wollten. Weil sie ja sonst nicht so scharf auf Judith sind. Das wissen wir beide.

Jedenfalls, die Judith hat nicht mit mir in die Ferien gedurft. Und da habe ich Simon mitgenommen. Ein Simon ist besser als nichts. Den habe ich auch ganz gerne, für einen Jungen ist der sehr erträglich. Der ist kleiner als ich und ziemlich still und freundlich. Meine Eltern mögen ihn gerne.

Wahrscheinlich, weil er so klein und still und freundlich ist, der fällt nie auf.

Es war auch ganz nett mit Simon. Meine Eltern haben nie Krach schlagen müssen wegen Endlos-Gespensterspielen. Mit Simon kann man nicht Gespenster spielen, der fürchtet sich doch. Er liest auch lieber. Dicke Wälzer, von vorne bis hinten. Und die hat er mir vorgelesen, und das waren dann für ihn zwei Fliegen mit einer Klappe. Weil er nämlich lesen konnte und sich als höfliches Gastkind auch noch mit mir beschäftigt hat.

Als ich Judith gesagt habe, daß ich Simon mitnehme, da hat sie geseufzt und genickt. Sie hat mir schöne Ferien gewünscht und versprochen, sie schreibt mal. Sie hat aber nicht geschrieben. Ich schon. Drei Postkarten, ich weiß es genau. Gleich in den ersten Ferientagen. Simon hat immer unterschrieben und meine Fehler verbessert. Im Schreiben ist der besser als ich.

Von Judith kam nichts. Das hat mich schon gewundert. Ich habe gedacht, vielleicht hat sie meine Ferienanschrift verloren. Das paßt zur Judith, sie ist ein bißchen schlampig. Meine Eltern haben sich auch gewundert, sie mögen Judith gerne. Aber gesagt haben sie nichts. Sicher wollten sie nicht den Simon kränken. Das kränkt ja, wenn man dauernd nach einer Judith fragt, wenn doch ein Simon da ist.

Als die Ferien vorbei waren, bin ich gleich am ersten Schultag zur Judith gerannt. Ich habe sogar den Simon übersehen. Der stand an der Schultür und wollte mir den Ranzen tragen. Weil er doch so ein Höflicher ist und unser Gastkind war. Ich habe ihn einfach stehenlassen, ich weiß es noch genau, und bin auf Judith losgeschossen und wollte fragen und wollte erzählen und wollte sie umarmen... da zischt sie mir «Verräterin» entgegen und dreht sich weg, als wäre ich Luft.

«Verräterin»! Ich habe zuerst überhaupt nichts begriffen. Ich habe nur gemerkt, die Judith ist böse auf mich, unheimlich böse. Aber warum? Ich wollte sie fragen. Das ging aber nicht. Sie hat einfach nicht geantwortet. Sie hat mich übersehen! Sie hat getan, als gäbe es mich gar nicht!

Ich habe vielleicht gestaunt! Erst beste Freundin und dann Luft?

Ich habe gegrübelt und gegrübelt und dann...

71

dann habe ich was gemerkt. Einen Tag später. Da hat der Simon Frau Grüber gefragt, ob er neben mir sitzen dürfe. Er hat gedurft. Und ein bißchen habe ich mich gefreut. Weil ich nämlich alleine gesessen bin. Judith hat sich gleich am ersten Tag weggesetzt. Ohne zu fragen. Das ist Frau Grüber gar nicht aufgefallen. Mir schon...

Jedenfalls habe ich Simon Platz gemacht, und als er seine Schulsachen neben mir verstaut hat, da habe ich genau gesehen: die Judith beobachtet uns. Ganz scharf! Und als Simon mich freundlich angegrinst hat, so wie er alle und jeden angrinst, hat sie den Mund zusammengekniffen und wild im Lesebuch geblättert.

Und da ist es mir endlich gedämmert: Die Judith ist ja eifersüchtig! Auf den Simon! Sie denkt, Simon und ich seien jetzt gute Freunde, bloß weil er mit in die Ferien gedurft hat!

Beinahe hätte ich laut gelacht. Der Simon mein Freund! Judith ist doch meine beste Freundin!
War meine beste Freundin...
Und außerdem, sie kann Simon nicht besonders leiden. Weil der so still und leise ist. Das weiß ich zufällig genau. Weil sie es mir gesagt hat.
Ich hab' zur Judith hinübergeschaut. Ganz fest!

Sie hat aber nicht zurückgeschaut. Sie hat wüst an den Lesebuchseiten gerissen. Da habe ich ein Zettelchen geschrieben: «Simon ist doof, und Judith hat eine lange Nase.»
Das war ein lustiges Zettelchen, darüber hätte meine Freundin Judith bestimmt gelacht. Sie hat aber nicht gelacht, sie hat den Zettel zerknüllt, ohne ihn zu lesen.
Da habe ich noch mal einen Zettel geschrieben: «Liebe Judith, ich weiß jetzt alles.» Das klang so schön geheimnisvoll. Der Zettel hat mir sehr ge-

schadet. Bei Frau Grüber. Die hat was empört gemaunzt von wegen «Unaufmerksamkeit im Unterricht» und «du hast es gerade nötig». Gelesen hat sie den Zettel nicht, da ist sie fair, die Frau Grüber.

Judith hat ihn leider auch nicht gelesen, sie hat ihn weggekickt, unter die Bank.

Da habe ich gewußt, jetzt ist alles aus.

Mir war ganz komisch. Die Grüber-Rüge hat mich geärgert, und der Zettel-Wegschmiß von Judith hat mir komische Stiche im Bauch versetzt. Ich habe beschlossen, Zettel schreibe ich keine mehr, nie mehr. Aufpassen im Unterricht konnte ich aber auch nicht. Wegen der Stiche im Bauch.

Zum Glück hat mir Simon dauernd vorgesagt. Bei Frau Grüber und auch sonst.

Er hat meinen Ranzen geschleppt, er schleppt meinen Ranzen. Er hat mich abschreiben lassen, er läßt mich abschreiben. Er lernt mit mir Hausaufgaben, da freuen sich meine Eltern und Frau Grüber. Er spielt mit mir, wenn ich mit ihm spielen mag. Das mag ich jetzt oft. Weil sonst niemand mit mir spielt.

Der Simon ist ein ganz Nützlicher, nicht so einer wie die Judith. Er ist einfach immer da, wenn ich ihn brauche. Die tuscheln schon in der Klasse, weil der Simon dauernd an meiner Seite klebt. Die haben ja keine Ahnung...

Judith tuschelt auch. Die tuschelt überhaupt am lautesten. Und schenkt Simon Bleistiftspitzer. Der freut sich auch noch und merkt überhaupt nichts. Ich schon. Ich bin ja nicht blöd. Ich merke, die Judith will, daß Simon sie toll findet. Weil er mich dann nicht mehr so toll findet. Und dann hocke ich alleine da, ohne Simon, ohne Judith... und das will sie.

Aber warum?

Ich habe jetzt oft Stiche im Bauch. Die Stiche kommen, weil die Judith eine ganz doofe Kuh ist. Ach was, so doof wie die ist niemand, Kühe ganz bestimmt nicht... Kühe sind freundliche, nützliche Tiere. Die Judith ist eine Unfreundliche. Zu mir Unfreundliche.

Ich möchte, daß Judith wieder freundlich wird. Ich möchte, daß Judith wieder meine Freundin wird... aber wann? Aber wie?

Die ganz normale Lilo

Immer sagt mein Vater zu mir: «Wenn du endlich mal eine Eins im Rechnen hast, dann schenke ich dir was. Etwas Schönes!»
Geschenke kriege ich gerne, nicht bloß zum Geburtstag oder zu Weihnachten.
Ich habe aber keine Eins im Rechnen gehabt. Lange nicht.
Eines Tages aber dann doch. Weil ich beim dicken Streber-Max abgeschrieben habe. Hat niemand gemerkt. Meinem Vater habe ich es auch nicht gesagt, weil ich ja sonst das Geschenk nicht gekriegt hätte. Und ein Geschenk wollte ich unbedingt.
Als mein Vater die Eins gesehen hat, ist er gleich losgelaufen. Das Geschenk besorgen. Ich habe gewartet und mir überlegt, was es sein könnte. Eine Pistole hätte ich gerne, aber die kriege ich nicht. Das weiß ich schon. Mein Vater ist gegen Pistolen. Einen Hund hätte ich auch gerne. Aber den bekomme ich auch nicht. Da ist mein Vater auch dagegen.
Wahrscheinlich kriege ich etwas Nützliches, habe ich gedacht, einen Zeichenblock oder so. Oder, wenn ich Glück habe, fünf Tüten Gummibärchen. Er hat aber nichts Nützliches gebracht. Ich habe gestaunt.
Eine Schildkröte hat er gebracht. Eine kleine. Und sie mir feierlich überreicht.

«Eine Einser-Schildkröte, zur Belohnung!» hat er gesagt. Ich habe mich gefreut und mich bedankt. Eine Schildkröte ist kein Hund, das ist klar. Aber immerhin ist es ein Geschenk, und ein lebendiges. Das kann ich gut gebrauchen.
Eine Schildkröte ist leise und macht keine Arbeit. Das kann mein Vater gut gebrauchen.
«Lilo», habe ich sie getauft. Meine Schildkröte. Mit Kakao. Ich glaube, das hat ihr gefallen, und wir waren gleich gute Freunde.
Nachts durfte sie in meinem Zimmer schlafen. Das hat uns beiden gefallen, der Lilo und mir.
Am nächsten Tag passierte ein Wunder. Ich hatte schon wieder eine Eins im Rechnen. Alles hat gestaunt. Am meisten ich. Weil ich diesmal nicht abgeschrieben hatte. Weil ich gedacht habe, eine Eins reicht.
Mein Vater war zufrieden und hat gemeint, es hätte sich doch gelohnt, mir etwas zu schenken. Er hat noch gelacht und gezwinkert und gesagt, die Lilo wäre wohl schuld. Ich habe auch gelacht.
Dann aber nicht mehr. Weil ich am nächsten Tag schon wieder eine Eins bekam. Diesmal in Rechtschreiben. Das war für mich nicht zum Lachen. Das war zum Wundern. Gelernt hatte ich nämlich nicht besonders, für eine Eins schon gar nicht.
Mein Vater aber hat sich gefreut, und wie. Er hat mir auf die Schulter geklopft und so was gesagt

wie: «Na, siehst du, du kannst ja, wenn du willst.»
Ich weiß das besser. Ich will ja oft. Aber ich kann nicht. Bis jetzt jedenfalls nicht.
Erst, seit mein Vater mir Lilo geschenkt hat, kann ich. Komisch.
Ich habe sie mir genau betrachtet, die Lilo. Ob irgend etwas Besonderes an ihr ist. Ist es aber nicht. Sie ist eine ganz normale Schildkröte. Frißt, scheißt und schläft. Ganz normal. Und im Schlaf wispert sie auch nicht geheimnisvoll. Hätte ja sein können, daß sie mir heimlich nachts sagt, was ich am nächsten Tag in der Schule wissen muß. Das wäre übrigens toll... so ist es aber nicht. Nachts schläft sie. Ich habe es genau gesehen.

Und hatte schon bald wieder eine Eins. Im Diktat. Wo ich sonst nie eine Eins habe.
Das ist sogar dem Lehrer aufgefallen. Er hat meine Arbeit viermal durchgelesen. Von vorne nach hinten. Und von hinten nach vorne. Kein Fehler.

Nicht der kleinste. Die Eins war fällig. Ich war ganz schön stolz. Aber ein bißchen unheimlich war mir das doch.

Meinem Vater war es nicht unheimlich, der war nur stolz. «Du machst mir Freude, mein Sohn!» hat er gesagt. Aber von einem Geschenk hat er nichts gesagt. Ich denke, das wird ihm allmählich zu teuer. So viele Einsen, wie ich jetzt kriege...

Im Aufsatz hatte ich nämlich auch eine. Mich hat es schon nicht mehr gewundert. Meine Aufsätze finde ich eigentlich immer sehr gut. Bloß mein Lehrer nicht. Diesmal aber doch. Er hat den Aufsatz gelobt und vor der Klasse vorgelesen. Der Aufsatz war wie immer...

Und die Lilo auch. Faul, langsam, verfressen, brav.

Eine ganz normale Lilo.

Eine ganz normale Lilo?

Ich kann es nicht glauben. Meine Einser-Welle hat nämlich nicht aufgehört. Eine Eins nach der anderen. Im Zeichnen, in Musik, in Rechnen.

Hausaufgaben mache ich schon lange nicht mehr. Wozu? Einser kriege ich sowieso. Ob die Lehrer wollen oder nicht. Sie müssen.

Mein Vater platzt beinahe vor Stolz. Ich nicht mehr. Weil meine Freunde mich «Streber» nennen!

Das ist scheußlich. Ich kann doch nichts dafür. Sie

wollten mich sogar verhauen. Besonders der dicke Max. Weil er nun nicht mehr Klassenerster ist. Das bin jetzt ich. Leider.
Sie spielen nicht mehr mit mir in der Pause. Sie rücken in der Klasse von mir ab. Als würde ich stinken. Ich stinke nicht, da bin ich sicher. Ich bin bloß der Beste. Leider...

Ob nicht doch die Lilo dahintersteckt?
Ich habe sie mir vorgenommen. Habe sie genau betrachtet. Ich habe sie sogar gefragt. Man kann schon mit ihr reden. Sie gibt bloß keine Antwort. Sie ist eben doch eine ganz normale Schildkröte... ein Geschenk von meinem Vater...

Ich habe mir große Mühe gegeben, in einem Diktat Fehler zu machen. Es geht nicht. Es fallen mir einfach keine Fehler ein! Ich habe in der Zeichenstunde wild drauf los geschmiert. Das Bild war trotzdem schön. Ich habe in der Musikstunde fürchterlich falsch gesungen. Es kamen aber bloß richtige Töne aus meinem Mund. Und so hübsche, daß der Musiklehrer beinahe geweint hat... Ich kann machen, was ich will.

Ich habe mir nochmals die Lilo vorgenommen. Weil ich jetzt beinahe sicher bin, daß sie schuld ist. «Einser-Schildkröte» hat ja auch mein Vater gesagt.

Ich habe Lilo angefleht, sie solle mich doch wenigstens mal eine Zwei schreiben lassen. Am nächsten Morgen, im Rechnen. Nichts da. Es war eine Eins. Mit Auszeichnung. Mir ist das unheimlich...

Ich glaube, meinen Lehrern auch.

Meinem Vater nicht. Solch einen Mustersohn hat er sich schon lange gewünscht. Jetzt hat er ihn. Wie vom Himmel gefallen.

Ich habe versucht, mit meinem Vater zu reden. Aber mit dem ist nicht zu reden. «Ich weiß gar nicht, was du hast!» hat er gesagt, «freu dich doch! Manch einer wäre froh, wenn er so begabt wäre wie du. Du hast es ganz bestimmt von mir.»

Das glaube ich aber nicht. Dann hätte ich die Fünfen vorher ja auch von ihm haben müssen, oder?

Ich habe meinem Vater von meinem Verdacht erzählt. Es muß ihm doch auch aufgefallen sein, daß ich erst ein guter Schüler geworden bin, als Lilo ins Haus kam.

Mein Vater hat sich bloß an die Stirn getippt und etwas von «falscher Bescheidenheit» gemurmelt. Dann hat er noch gesagt, soviel Fleiß und Erfolg müßten belohnt werden. Er wollte mir wieder was schenken. Etwas Schönes.

«Nein, danke!» habe ich geschrien und bin in mein Zimmer. Die Lilo reicht mir. Ich habe mich zu ihr auf den Boden gesetzt. Habe sie gestreichelt. Und habe ein bißchen geweint. Niemand versteht mich. Bloß Lilo. Und die war an allem schuld.

«Lilo», habe ich gesagt, «wenn das so weitergeht, dann muß ich dich abschaffen. Das mußt du einsehen. Das hält ja keiner aus. Dauernd Einser. Mich mag niemand mehr!»

Lilo hat nichts gesagt. Sie hat schon wieder geschlafen. Und geschissen. Auf meinen Pantoffel.

Irgend etwas hat mein Vater aber gemerkt. Er ist in mein Zimmer gekommen und hat eine gute Idee gehabt. Er hat gemeint, wenn mich die Einsen so stören, dann solle ich ihm die Lilo einfach schenken. Er glaube ja nicht, daß sie schuld sei, aber wenn mich das beruhige... Er hätte nichts gegen die Einser, aber Zweier wären ihm auch recht.

Ich fand die Idee gut. Noch am selben Abend habe

85

ich Lilo meinem Vater geschenkt. In der Nacht schlief sie in seinem Zimmer.

Am nächsten Tag kam mein Vater nach Hause und war ganz blaß. Er war befördert worden. Vom Abteilungsleiter zum Hauptabteilungsleiter. Einfach so.

Er hat sich furchtbar gefreut. Ich habe ihm gratuliert und zur Lilo hingeschaut. Die hat ausgesehen wie immer. Mein Vater hat sie mächtig gefüttert und war den ganzen Abend sehr aufgeregt.

Am nächsten Tag ist er vergnügt ins Büro gegangen und ich in die Schule. Da habe ich meine erste Fünf geschrieben. Im Rechnen. Ich war vielleicht froh! Die Klasse hat schadenfroh gegrinst. Und in der Pause haben sie wieder mit mir gespielt. Das hat mich am meisten gefreut.

Mein Vater hat überhaupt nicht geschimpft. Weil

ich ihm das nicht gesagt habe, das mit der Fünf. Ich wollte sein Glück nicht stören.
Sein Glück hat aber nicht lange angehalten. Nach vier Tagen oder so kam er heim und war noch blasser. Er war schon wieder befördert worden. Zum stellvertretenden Chef. Er konnte es kaum fassen. Ich schon...
«Warte nur ab», hat er gelacht und die Sofakissen hochgeschmissen, «bald bin ich Chef!»
Er war bald Chef. Drei Tage später. Ich hab' es ja gewußt. Und ich habe auch gewußt, daß es ihm nicht gefallen würde. Seine Kollegen reden nämlich nicht mehr mit ihm. In der Kantine sitzt er alleine da. «Stiefellecker», flüstern sie hinter ihm her. Er sitzt einsam in seinem Chefzimmer, und niemand kommt mehr zur gemütlichen Kaffeepause zu ihm. Er langweilt sich. Das kann ich gut verstehen. Er tut mir leid.
Da haben wir uns hingesetzt und etwas ausgeknobelt.
Die Lilo ist schuld. Das war uns beiden klar. Meinem Vater endlich auch. Es mußte etwas geschehen. Mein Vater hat Angst, noch weiter befördert zu werden. Ich habe Angst, wieder Klassenbester zu sein. Die Lilo muß weg. Leider. Wir wissen auch schon wie! Wir verschenken sie einfach weiter. Vielleicht funktioniert sie ja auch bei anderen.

87

Sie hat funktioniert!
Wir haben sie dem Gemüsemann an der Ecke geschenkt. Der hat soviel Abfallsalat. Er hat sich gefreut. Und uns die Lilo nach einer Woche zurückgebracht.
Er ist jetzt Supermarkt-Besitzer...
Da stört die Lilo.

Wir haben sie Onkel Franz geschenkt. Der repariert alte Autos. Nach einer Woche hat er sie uns zurückgebracht. Die Lilo. Er fährt jetzt Autorennen, in Superflitzern... Da stört die Lilo.
Wir haben sie Tante Helli geschenkt. Sie singt so nett. Nach einer Woche hat sie sie uns zurückgebracht. Die Lilo. Sie singt jetzt in der Oper... die Tante Helli, nicht die Lilo.
Und so haben wir Lilo noch oft verschenkt. Aber immer war sie nach einer Woche wieder da. Dann habe ich sofort wieder Einsen geschrieben. Und mein Vater blieb Chef.
Inzwischen hat sich das mit Lilo herumgesprochen. Jetzt rufen die Leute schon an und wollen Lilo geschenkt kriegen. Wir schenken sie aber nicht jedem. Und nach einer Woche muß sie wieder da sein.
Weil es ja meine Lilo ist. Weil ich sie gerne habe. Da nehme ich auch die Einsen in Kauf...

Freundinnen?

Da steht die ja schon wieder! Immer, wenn ich den Struppi ausführe, steht sie an der Ecke. Wie festgewurzelt. Und starrt mich an. Seit einer Woche schon. Oder noch länger! Starrt und starrt. Sagt keinen Ton.
Die hat es auf dich abgesehen, Struppi, bestimmt! Weil du so ein schöner Hund bist! Jetzt komm, komm weiter. Komm schon! Die beachten wir gar nicht!
Soll sie doch glotzen, soviel sie will, was geht das uns an! Wir tun, als wäre sie Luft!
Wie die aussieht! So brav! Blonde Hängezöpfe! So was! Wer hat denn jetzt noch Hängezöpfe! Kein Mensch, aber die!
Und wie die angezogen ist. Unmöglich! Faltenrock! Immerzu Faltenrock! Und weiße Söckchen, jeden Tag frische, das sehe ich genau! Nie bleiben Söckchen so lange weiß. Vielleicht rührt die sich nie von der Stelle. Da kann sie nicht dreckig werden.
Sie ist ein Faltenrock-Söckchen-Denkmal, was, Struppi? Wenn du der mal mit deinen Dreckpfoten auf die Füße trätest, da wären die Söckchen nicht mehr lange weiß...
Was war das denn? Da hat wer gerufen! Meinen Namen, ich hab' es genau gehört... wer ruft mich denn da? Doch nicht etwa... tatsächlich! Die Glotzerin! Das Faltenrock-Söckchen-Denkmal!

91

Jetzt kommt sie angerannt!
Struppi, schnell weg, die ist hinter dir her, komm, wir rennen auch...
Zu spät! Da ist sie schon. Steht einfach vor uns, versperrt uns den Weg.

Aber Struppi! Was machst du da? Du kannst doch nicht einfach an fremden Leuten hochspringen! Struppi! Laß das, pfui, pfui, laß das sein, pfui! Mistköter!
Die streichelt doch tatsächlich meinen Struppi! Und dem gefällt das auch noch, dem Mistköter!

Die hat es auf Struppi abgesehen, ganz klar! So, wie die den anfaßt! Die hat überhaupt keine Angst vor dem! Und Struppi ist ganz schön wild, manchmal jedenfalls... Aber jetzt wälzt er sich am Boden vor Vergnügen und streckt der seinen Bauch entgegen... zum Streicheln...

Die soll den nicht streicheln! Das ist mein Hund! Die will ihn vielleicht entführen, der traue ich alles zu. Finger weg, sofort!
Na bitte, sie zieht die Finger weg, richtig erschrokken. Ich wußte doch, sie hat Angst! Aber vor mir! Nicht vor Struppi! Wenn der nicht blafft, muß ich

93

eben blaffen! Und jetzt soll sie abhauen! Soll uns in Ruhe lassen! Verzupf dich, Tante! Verschwinde!
Die geht aber nicht! Stocksteif steht sie da. Versteht die kein Deutsch? Abhauen sollst du, zieh Leine! Die steht immer noch da. Und reißt die Augen auf. Wenn du nicht aufpaßt, dann fallen sie dir gleich aus dem Kopf.
Na gut! Wenn sie nicht geht, gehen eben wir, was Struppi? Der Klügere gibt nach. Jetzt komm, komm schon auf die Beine, komm... Mistköter, Verräter.
Sie ruft hinter mir her. «Angela, Angela...»
Was will die denn noch? Kann man nicht mal in Ruhe seinen Hund ausführen? Und überhaupt! Woher kennt die meinen Namen? Das frag' ich sie aber, das muß sie mir erklären! Sie spioniert mir wohl nach.
Sie hat gelauscht! Als mein Vater mich zum Schwimmen abgeholt hat, hat er «Angela, Angela, beeil dich doch!» gerufen. Die muß ganz schön lange Ohren gemacht haben. Unfein, so was! Und jetzt wimmert sie «Angela» hinter mir her und stört mich. Ich mag das nicht! Ich kenne die doch überhaupt nicht! Ich will sie auch nicht kennen!
Wie heißt die überhaupt?
«Swantje» heißt die! Swantje? Ich muß mich verhört haben. Das ist doch kein Name, so heißt hier niemand.

Kein Wunder, daß sie gleich beteuert, sie hieße lieber Angela. Angela wäre viel schöner. Klar ist Angela schöner.
Swantje! Ist ja furchtbar! Wo heißt man denn Swantje?
Ich kann es mir schon denken! Bei den Friesen heißt man so, bei denen mit der platten Stirn und den Segelfliegerohren. Da fällt mir ein toller Friesenwitz ein:
«*Woran erkennt man einen Friesen im Schuhgeschäft? Man erkennt ihn daran, daß er die Schuhkartons anprobiert!*»
Die lacht gar nicht! Warum lacht sie denn nicht? Das ist ein lustiger Witz. Die könnte ruhig lachen. Sie soll froh sein, daß ich ihr einen Witz erzählt habe. Ich hätte sie auch anschreien können. So, wie die sich aufführt. Hinter meinem Struppi her ist. Mich belästigt.
Die lacht nicht: Sie guckt ganz ernsthaft und sagt, daß Hamburg nicht in Friesland liegt. Sie kommt also aus Hamburg. Na und? Das ist fast genauso weit weg. Und ich bin auch gleich weg. Jetzt komm, Struppi, komm...
Der kommt nicht, der Köter. Weil die ihn streichelt. Streichel, streichel, streichel. Und dem Struppi hängt die Zunge heraus, Streicheln hat der gern, egal von wem. Wie die mit dem schmust! Die hat wohl keinen Hund, das merkt man! Die

95

schmust ohne meine Erlaubnis. Na egal! Ich bin nicht so. Soll sie doch. Ich erlaub' es ihr.

Ich kann ganz schön großzügig sein, das sagen alle. Soll sie doch mit dem stinkigen Struppi schmusen. Der stinkt heute nämlich wieder. Sicher gibt es Regen. Da stinkt der immer, da schmuse ich nicht mit ihm.

Aber Swantje, die schmust. Hat die keinen Geruchssinn? Oder es macht ihr nichts aus. Mir schon... Hunde sind nicht immer eine reine Wonne, aber das ahnt sie nicht, die hat ja keinen...

Jetzt weiß ich was! Ich lasse sie einfach den Struppi ausführen! Bis zur Ecke! Wenn sie doch so scharf auf Struppi ist...

Sie wird schon sehen, was sie davon hat. Struppi zieht und zerrt und bepinkelt jeden Autoreifen... lästig! Das sag' ich ihr aber nicht. Ich sage ihr bloß, ich borge ihr den Struppi, für zehn Minuten. In zehn Minuten muß sie wieder hier sein, mit Struppi. Ich schaue auf die Uhr. Und warte inzwischen hier.

Sie freut sich! Klar freut sie sich! Sie stottert vor Freude, und rot wird sie auch!

Sie stottert, ob ich nicht mitkommen will. Nein, natürlich will ich nicht mitkommen. Ich warte hier, das habe ich doch gesagt.

Sie zockelt los, Struppi zerrt. Na, viel Spaß, Swantje... Ich kichere... und rufe hinterher, daß

Struppi auch Häufchen machen muß. In den Rinnstein!
So, die beiden bin ich los. Da gehen sie!
Warum dreht Swantje sich denn dauernd um und winkt? Ich stehe doch hier, ich warte, das habe ich versprochen! Warte auf Struppi und auf diese Swantje, diese komische Nudel. So brav, so schüchtern. Die wird ja richtig rot, wenn sie mich anschaut.

Und dauernd dreht sie sich um und winkt. Wird sie mit Struppi nicht fertig? Doch... Struppi ist brav, soviel ich sehe... sie ruft, die Swantje.
Die schreit ja richtig, schreit die ganze Straße entlang. «Kann ich zurückkommen? Ich möchte lieber bei dir sein!»
Was denn! Ich denke, sie ist scharf auf Struppi! Sie will gar nicht den Struppi! Sie meint ja mich! «Ich möchte lieber bei dir sein!» Jetzt wird mir alles klar! Sie hat Struppi bloß benutzt... sie wollte sich über den Struppi einschmeicheln... Ja, warum hat sie denn das nicht gleich gesagt? Daß sie bei mir sein möchte.
Da ist sie schon wieder. Atemlos und mit schaukelnden Hängezöpfen. Knallrot im Gesicht! Rot steht ihr nicht schlecht...
Ich rufe ihr entgegen, daß ich jetzt alles weiß! Sie hat es auf mich abgesehen, nicht auf Struppi.
Sie gibt gleich alles zu. Und kaut an einem Zopf. Ich muß lachen. Sie sieht so schuldbewußt aus, sie schämt sich, das sieht man.
Ich frage sie, warum sie es nicht gleich gesagt hat. Daß sie bei mir sein will. Mit mir spielen will und so.
Sie sagt nichts. Sie kaut noch heftiger am Zopf. Gleich beißt sie ihn ab. Sie hat sich nicht getraut zu fragen. Das merke ich, ich bin ja nicht blöd. So verlegen, so rot, wie sie ist.

98

Na gut, dann soll sie jetzt fragen. Hier, auf der Stelle. Sie soll fragen: «Darf ich mit dir spielen?» Sie darf ja mit mir spielen, manchmal jedenfalls. Aber fragen muß sie, laut und deutlich!
Swantje beißt noch immer auf ihrem Zopf herum. Ich gebe ihr einen Schubs. Damit sie endlich fragt. Sie fragt nicht, sie wird noch röter. Beißt auf dem Zopf herum, und ihre Söckchen sind schwarz, ich muß grinsen, schwarz von Struppis Tapsern... zerrupft sieht sie aus. Überhaupt nicht mehr wie ein Faltenrock-Söckchen-Denkmal.
Ganz klein und arm sieht sie aus... beinahe tut sie mir leid.
Los, los, frag endlich, Swantje! Mach schon, ich will es hören!
Sie hebt nicht den Kopf, sie beißt am Zopf, sie stottert: «Darf... darf... darf... ich...»
Laut, Swantje, frag laut und deutlich, das ist doch nicht schwer, das ist doch bloß eine einfache Frage! Das schaffst du doch. Aber nimm den Zopf aus dem Mund, sonst verstehe ich dich nicht... Sie holt tief Luft, ich sehe es deutlich, und sie sagt es. Ganz schnell und ganz dünn. Die Frage, die sie fragen soll!
Na endlich! Sie hat es herausgebracht: «Darf ich mit dir spielen?» Ich klopfe ihr auf die Schulter! Klar darf sie mit mir spielen! Und mit mir heimgehen darf sie auch! Ich zeige ihr meine Spielsachen.

99

Ich habe nämlich tolle Spielsachen. Da freut sie sich sicher. So tolle Spielsachen gibt es in Hamburg bestimmt nicht! Sie wird staunen!
«Komm, Swantje», sage ich und gehe los, den kläffenden Struppi fest an der Leine. Swantje kommt nicht.
Ich drehe mich um... Da steht Swantje, Zöpfe fest in den Mund gesteckt... und heult! Struppi jault... und Swantje schluchzt. So was! Das verstehe ich nicht!
Wieso heult sie denn jetzt?

Opa oder Fahrrad?

Ich habe bald Geburtstag. Geburtstage habe ich gerne, und meine Geburtstage habe ich am allerliebsten. Weil ich da Geschenke kriege. Ich schreibe einfach einen Wunschzettel, und schwupp, liegen die Geschenke am Geburtstag auf dem Tisch.

Ich kriege aber nicht immer alles, was ich mir gewünscht habe, das ist klar. Das Rennrad zum Beispiel habe ich nicht bekommen. Aber das habe ich sowieso schon gewußt, auf ein Rennrad passe ich ja noch gar nicht drauf.
Ich habe halt gedacht, ich schreib' es einfach mal auf den Wunschzettel, kann ja nicht schaden.
Ich wollte nämlich sehen, wie meine Eltern die Augen aufreißen und entrüstet «aber nein, kommt nicht in Frage» sagen. Das heißt, gesehen hätte ich das auf keinen Fall, und gehört auch nicht. Weil meine Eltern «unter Ausschluß der Öffentlichkeit» miteinander beraten. Über meinen Wunschzettel. Die Öffentlichkeit bin ich, und bei der Beratung bin ich nicht zugelassen. Weil es ja sonst keine Überraschung mehr für mich wäre. Außer meinen

103

Wunschzettelgeschenken kriege ich nämlich immer noch etwas, das sich meine Eltern ausgedacht haben.
Im letzten Jahr hat sich meine Mutter drei Paar rote Socken ausgedacht. Da war ich ganz schön überrascht, weil ich gehofft hatte, mein Vater dächte sich was aus. Der denkt nicht an Socken, das weiß ich, der denkt eher an Bücher oder so was. Bücher kann ich gut gebrauchen, Socken auch, aber Bücher noch mehr. Ich habe schon viele Socken. Und ich habe auch viele Bücher. Überhaupt habe ich eigentlich so ziemlich alles. Ich möchte eigentlich mal...
Ich glaube, diesmal möchte ich zu meinem Geburtstag was ganz anderes. Ich möchte nicht Geschenke auswickeln, «oh» und «ah» rufen... und dann trage ich die Spielsachen in mein Zimmer und spiele damit und stelle sie weg ins Regal, und dann ist der Geburtstag schon vorbei, und meine Mutter jammert über meine vollen Spielzeugregale, weil Staubflocken fliegen, und ich ärgere mich, weil viele Sachen so schnell kaputtgehen und langweilig sind...
Ich glaube, diesmal möchte ich mir etwas wünschen, das keinen Staub ansetzt und nicht kaputtgeht. Ich möchte mir etwas wünschen, das den ganzen Geburtstag lang dauert und nicht bald langweilig wird...

Ich weiß auch schon was! Ich wünsche mir den Opa! Der soll kommen und mich besuchen. Den ganzen Geburtstag lang.

Opa ist schon ziemlich alt und manchmal nicht ganz richtig im Kopf. Das sagen meine Eltern. Der Opa ist ihnen langweilig. Mir nicht. Mein Opa ist doch mein Opa. Und den sehe ich beinahe nie, weil er in einem Heim lebt und Pflege braucht.

Manchmal besuchen wir ihn, wenn das Wetter sonntags schlecht ist. Im letzten Jahr war das Wetter aber beinahe nie schlecht. Ausflüge haben wir auch im Regen gemacht, und ganz selten sind wir zum Opa gefahren, ins Heim. Da riecht es schlecht. Da riecht es alt. Das kann meine Mutter nicht leiden, und mein Vater auch nicht. Ich glaube, sie können den Opa nicht leiden. Und darum fahren wir so selten hin. Und hierher, zu uns nach Hause, kommt der Opa nie.

Weil er Pflege braucht und überhaupt im Heim bestens aufgehoben ist. Sagen meine Eltern.

Das verstehe ich schon, aber trotzdem. Er ist schließlich mein Opa, er ist doch ein Verwandter von mir, und darum möchte ich ihn gerne kennen. Mir ist es egal, wie er riecht. Ich kann ja wegriechen.

«Opa ist eine Zumutung», hat meine Mutter gesagt, und mein Vater hat dazu geseufzt.

Und genau das sollen sie mir jetzt zum Geburtstag schenken. Eine Zumutung. Den Opa.

Sie sollen nicht einfach ritschratsch etwas kaufen gehen. Kaufen ist doch leicht. Und sie sollen den ganzen Geburtstag lang bei mir bleiben. Und das müssen sie, wenn sie mir den Opa schenken. Weil man mich ja nicht mit dem Opa alleine lassen darf, weil er doch Pflege braucht und eine Zumutung ist. Man muß uns bewachen...

Ich schreibe: *«Dies ist ein Wunschzettel für meinen Geburtstag...»* Ausrufezeichen. Nein, Punkt. Das Ausrufezeichen brauche ich später noch. Also: *«Ich wünsche mir den Opa! Sonst nichts. «Ich.»*

Sieht gut aus. Den Opa unterstreiche ich rot und grün. Und dann zeichne ich noch einen Tannenbaum. Tannenbäume kann ich gut. Die passen eher zu Weihnachten, aber für Geburtstage geht es auch. Ein Tannenbaum hinter dem rot und grün unterstrichenen Opa. Sieht schön aus, der Wunschzettel. Den gebe ich meinen Eltern, jetzt gleich.

Ich habe den Wunschzettel meinen Eltern gegeben, ganz eng zusammengefaltet. Jetzt lesen sie ihn, unter «Ausschluß der Öffentlichkeit» im Wohnzimmer. Ich soll meine Zähne putzen und dann ab ins Bett. Mache ich auch.

Vor Geburtstagen bin ich immer besonders brav, man kann ja nicht wissen. Aber wissen möchte ich doch, was sie für Augen machen, meine Eltern...

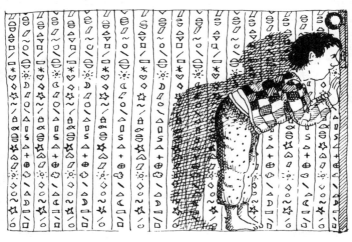

Ich gucke einfach durchs Schlüsselloch. Zähneputzen kann ich immer noch, und das Bett rennt auch nicht weg.

Ich hocke vor dem Schlüsselloch. Meine Mutter

107

hat den Zettel in der Hand, ich seh' es genau. Mein Vater liest mit, guckt über ihre Schulter. Beinahe muß ich lachen. Die lesen und lesen. Da gibt es doch gar nicht so viel zu lesen.
Jetzt schüttelt meine Mutter den Kopf. Und mein Vater auch. Meine Mutter sagt etwas. Was? Lauter, Mama, lauter, ich versteh' ja nichts.
Blöd. Das Schlüsselloch ist gut zum Gucken, aber nicht zum Hören.
Mein Vater schüttelt noch immer den Kopf. Und meine Mutter zieht die Schultern hoch. Schulterhochziehen, das heißt bei ihr, sie seufzt. Und sie plappert los, murmelmurmel. Ich presse das Ohr ans Schlüsselloch. Ich möchte doch wissen...
Sie flüstern. Sicher flüstern sie, weil sie wissen, daß ich lausche? Können sie ja gar nicht wissen, sie denken doch, ich putze mir die Zähne. Das sollen sie auch denken.
«Grrrgrrr» mache ich, und halte mir schnell den Mund zu. Blöd, das war zu laut. Wer putzt sich schon die Zähne hinter der Tür... Gleich kommen meine Eltern und schauen nach. Ich flitze lieber weg. Nein, die Tür bleibt zu.
Ich schleiche mich wieder an und gucke. Ich sehe nichts mehr. Die haben sich wohl hingesetzt. Ich höre auch nichts. Sie schweigen. Die haben sich hingesetzt und schweigen über meinem Wunschzettel.

Leise schleiche ich ab, ins Bett. Die Zähne putze ich mir nicht mehr. Das haben sie jetzt davon. Was murmeln sie auch so leise und schweigen dann so lange! Mir ist ungemütlich...

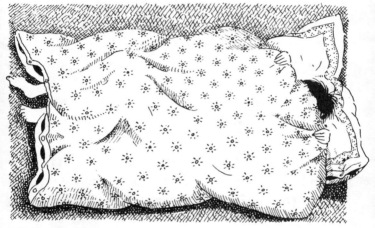

Vielleicht hätte ich mir doch besser ein Fahrrad gewünscht, ein normales, kleines. Es müßte ja kein Rennrad sein. Ein Fahrrad ist für meine Eltern bestimmt einfacher als der Opa. Ein Fahrrad, ein neues, kann ich eigentlich gut gebrauchen. Aber den Opa auch... Und es ist doch bloß für einen Tag. Einen Nachmittag lang, weil da mein Geburtstag anfängt.
Einen Geburtstag lang den Opa... oder ein Fahrrad für immer?
Ich muß seufzen. Ich ziehe die Decke über den Kopf und seufze, es braucht ja niemand zu hören.

Außerdem ist es sowieso zu spät. Der Wunschzettel ist geschrieben. Da steht deutlich «Opa» drauf und nicht «Fahrrad»! Aber vielleicht denkt mein Vater sich ja das Fahrrad als Überraschung aus? Und dann kriege ich beides? Das wäre toll.
Ich habe noch lange überlegen müssen, im Bett. Und dann bin ich endlich eingeschlafen. Und die ganze Woche ging es mit dem Einschlafen nicht so gut wie sonst...

Aber dann, dann war er endlich da, mein Geburtstag.
Heute ist mein Geburtstag. Punkt vier! Ich habe Herzklopfen. Um vier gibt's Geschenke, um vier gibt's den Opa... oder das Fahrrad... oder...

Da. Die Geburtstagsklingel. Endlich. Ich hole tief Luft und öffne die Tür. Schön langsam, damit es nicht so gierig aussieht.
«Herzlichen Glückwunsch, mein Schatz», sagt Mama und drückt mir einen Kuß auf die Backe.
«Ich gratuliere auch», sagt Papa, und sofort fan-

gen beide an zu singen: *«Happy birthday to you, happy birthday to you, happy birthday dear sonnyboy, happy birthday...»*

Das singen sie immer am Geburtstag, das ist so Sitte bei uns, das ist schön... Aber diesmal krächzt es plötzlich mitten ins *«happy birthday»* leise und zittrig *«alle meine Entchen schwimmen auf dem See...»*. Mama und Papa hören auf zu singen, schlagartig, schauen sich an, verlegen... und ich schaue auch. Zum Sofa.

Da sitzt, klein und schrumpelig zwischen Sofakissen... der Opa. Und baumelt mit den Beinen. Da ist er ja! Da ist er ja wirklich. Sie haben mir tatsächlich den Opa geschenkt. Und kein Fahrrad. Das sehe ich mit einem Blick. Ein Fahrrad ist in einem Wohnzimmer nicht zu übersehen. Hier sitzt bloß der Opa und krächzt sein *«alle meine Entchen»*. Ich schlucke. Es reißt mich kurz im Bauch... Bin ich enttäuscht? Ja... ein bißchen... nein, jetzt gerade nicht. Überhaupt nicht.

«Opa», rufe ich, sause zum Opa und falle ihm um den Hals. Er soll sehen, daß ich mich freue. Meine Eltern sollen sehen, daß ich mich freue.

Dünn und knochig fühlt sich der Opa an. Noch dünner und knochiger als ich. *«Alle meine Entchen, schwimmen, schwimmen»*, wispert Opa in meinen Armen. Ich lasse ihn gleich wieder los. Der Opa singt weiter, unermüdlich.

111

«Zu Tisch, zu Tisch», sagt Mama und verschwindet sehr rasch nach draußen. «Kaffee und Kuchen», sagt Papa und räuspert sich und zeigt auf den Tisch. Schön gedeckt ist der, mit dem guten Porzellan, und auf meinem Platz, da liegt ein Fußball. Auf meinem Kuchenteller. Schwarz-weiß und groß und ganz echt. Den hat sich bestimmt mein Vater ausgedacht. Gut!

«Danke, Papa», sage ich und hole den Fußball, schwer ist der, fühlt sich gut an. Ein prächtiger Fußball, ein prima Fußball. Ich lasse ihn hüpfen, kicke zum Papa, der kickt zurück, ich fange auf, ich trippele um den Stuhl, Papa stoppt, ich werfe mich entgegen, sonst wär' es ein Tor gewesen, eins für Papa. Ich schieße zurück... der Ball landet am Bauch von Opa. Opa wackelt hin und her, greift, und greift daneben.

«Laß», mahnt Papa leise, «laß Opa aus dem Spiel,

das ist zu viel für ihn.» Weiß ich doch, habe ich ja selber gesehen. Plötzlich habe ich keine Lust mehr, Fußball zu spielen...

«Zu Tisch, zu Tisch», sagt Mama und trägt eine Torte herein. Eine tolle Torte. Schokolade mit Sahne. Meine Lieblingstorte. Lecker. Ich freue mich, doch! Ich habe Geburtstag. Mit Lieblingstorte, und einen Fußball hab' ich gekriegt... und

den Opa. Den auch. Meinen alten Wackelopa, der nicht mehr fußballspielen kann. Der Kinderlieder singt. Weil er meint, ich bin ein Kind. Bin ich ja auch, aber nicht mehr so ein kleines Kind.

Das hat der Opa sicher vergessen... er sieht ja auch nicht mehr richtig. Er ist alt, sehr alt. Und klein und dünn, beinahe genauso klein wie ich. Oder groß. Ich bin groß für mein Alter, aber Opa ist klein für sein Alter. Wir sind fast gleich klein-groß... komisch.

113

«Opa soll neben mir sitzen», sage ich und greife nach Opas Hand. Hart und rauh ist die. Opa trappelt hinter mir her, macht ganz kleine Schritte. Läßt sich führen, von mir!

«Opa, setzen, setzen!» sagt Papa, laut und deutlich und langsam. Opa setzt sich brav, ganz dicht neben mich.

«Gib Opa Torte», sagt Mama und gießt mir und Opa Kakao in die Tassen.

«Kriegt Opa keinen Kaffee?» frage ich, und Mama schüttelt den Kopf: «Kaffee ist zu stark für Opa», sagt sie, und Papa nickt dazu. Ich schaue Opa an. Der sagt nichts, er mümmelt vor sich hin, faltet die Hände und zittert.

Die Torte schmeckt, ich könnte endlos Torte essen. Ich bin schon beim zweiten Stück.

«Opa, essen, essen», sagt Papa, laut und deutlich und langsam. Dabei stochert er selber in der Sahne herum. Mama seufzt.

Opa mümmelt. Opa hält die Hände gefaltet.

«Frieden auf Erden», murmelt er undeutlich, «Frieden auf Erden.» Und ißt keinen Bissen und trinkt keinen Schluck.

«Opa, die Torte ist gut», sage ich und knuffe Opa in die Seite. Opa zittert. Ich habe doch nicht fest geknufft. Mama und Papa seufzen, schauen sich an.

«Ich hab' es ja gewußt», sagt Papa, und er sagt es sehr laut.

«Im Heim ist er doch am besten aufgehoben», sagt Mama und schaut bekümmert, «alte Menschen brauchen Pflege. Nichts kann er mehr alleine machen. Es ist ein Kreuz.»

Erschrocken schaue ich zu Opa hin. Hat er das gehört? Was sagt er jetzt? Jetzt muß er doch etwas sagen.

Jetzt muß er sich doch verteidigen. Jetzt muß er beweisen, daß er sehr wohl alleine essen kann. Daß er kein Kreuz ist.

Opa verteidigt sich nicht. Opa beweist nichts. Er sitzt und zittert und starrt auf sein ungegessenes Tortenstück.

Er wehrt sich nicht, gar nichts tut er.

Und dabei hat ihn Mama ein Kreuz genannt. Und sie haben über ihn geseufzt, Papa und Mama. Ganz laut und überhaupt nicht heimlich. So, als wäre er gar nicht hier, der Opa. So, als wäre hier am Tisch bloß noch ein Depp, der nichts sieht und hört und kann.

Über mich würden die nie so reden, wenn ich am Tisch mit ihnen säße. Das würden die sich nicht trauen. Weil das ja auch ganz schrecklich unhöflich ist.

Höflich sind meine Eltern immer.

Aber zu Opa, da sind sie nicht höflich. Der Opa zählt für sie nicht. Der Opa lohnt nicht. Der Opa ist alt und kaputt. Da darf man unhöflich sein.

115

Die Torte schmeckt plötzlich wie Sägemehl. Mein Bauch ist heiß. Da will bestimmt keine Torte mehr rein.
Warum wehrt sich Opa nicht? Warum ist er so alt und kaputt? Warum ißt er nicht endlich seine Torte und trinkt den blöden Kakao und sagt Mama, daß sie still sein soll, weil es mein Geburtstag ist?
Warum sagt Papa jetzt nichts Nettes und rollt bloß die Augen gegen die Zimmerdecke?
Warum geh' ich nicht raus und setz' mich aufs Klo und drücke zehnmal die Spülung und schreie «besetzt, besetzt, laßt mich in Ruh!»
Warum ist Opa kein Fahrrad, und der Geburtstag wäre schön?
Ich hocke wie angenagelt und schlucke Sägemehl. Niemand sagt was.
Da kriege ich die Wut. Sie kommt aus dem Bauch, sie quillt hoch, sie rollt in meinen Mund. Fest presse ich die Lippen zusammen, die Wut rollt weiter, in meine Hände...
Ich packe meine Kuchengabel, fest, ganz fest, türme ein ordentliches Stück von meiner Torte drauf und rufe: «Schnabel auf, Opa!»
Der reißt wirklich seinen Mund auf, weit. Da sind ja kaum noch Zähne drin. Bloß Stummel, gelb und kurz. Ich schiebe die volle Kuchengabel in Opas Stummelzahnmund. Opa mümmelt, kaut,

schmatzt. Schluckt. Und ein bißchen Sahne hängt ihm am Kinn. Die wische ich weg.
«Schnabel auf, Opa», kommandiere ich, und wieder sperrt Opa den Schnabel auf, weit, weit. Ich schiebe nach. Opa schluckt, schmatzt. Die Torte schmeckt ihm. Er zittert nicht mehr. Er läßt sich füttern. Wie ein kleiner Vogel, wie ein Baby. Die können ja auch noch nicht alleine essen.
Mein Opa ist wie ein kleiner Vogel, wie ein Baby... mein Baby. Weil Babys auch trinken müssen, schütte ich jetzt Kakao in den Mund. Vorsichtig, Schluck für Schluck. Es geht gut. Ich kann richtig sehen, wie der Kakao seine dünne Kehle abwärts rinnt. Gleich ist er im Magen und wärmt seinen alten Bauch.
Opa leckt sich die Lippen und nickt und nickt. Und grinst mich an, den Mund breit verzogen, kein Stummelzahn zu sehen.
Er hat es gerne, wenn ich ihn füttere! Er hat es gerne, wenn er mein Baby ist. Er freut sich. Na also, ich hab's doch gewußt.
Ich grinse zurück und frage: «Noch einen Happen, Opa?» Und Opa nickt, ganz normal, ganz freundlich, und ich schaue stolz auf meine Eltern. Mama starrt, Papa starrt. Sie brauchen nicht zu starren. Ich füttere mein Opa-Baby, weil er das gerne hat, und es ist ganz leicht.

Es gefällt Opa, und mir gefällt es auch, und meine Eltern sollen sich freuen. Es ist ein anderer Geburtstag, aber ein guter, Opa ist kein Fahrrad, Opa ist wie ein Baby, und kein Kreuz und keine Zumutung. Opa braucht mich.

«Magst du Sahne, Opa?» frage ich und packe viel Sahne auf die Gabel und schiebe sie Opa in den Mund, Sahne rutscht so weich... Da zischt Papa über den Tisch: «Schön kauen, Opa, kauen!»
Und prompt verschluckt sich Opa und hustet und sprüht einen Sahneregen über den Tisch. Mama springt auf, wischt an sich herum, und Papa schreit: «Jetzt hör endlich auf mit der dämlichen Fütterei, du siehst doch, was du damit anrichtest.»

Ich richte doch nichts an. Opa hat sich verschluckt. Weil Papa so laut gezischt hat. Ich klopfe Opa auf den Rücken. Klopfe und streichle. Opa hustet und hustet. «Frieden... Frieden auf...» stößt er zwischen Hustern hervor und ist rot im Runzelgesicht.

«Frieden auf Erden... und den Menschen, den Menschen...» Ich klopfe und streichle. «Ein Wohlgefallen, Opa», flüstere ich. Da hört er auf zu husten.

Mama steht noch immer, wischt Sahnespritzer ab. Papa stöhnt und runzelt die Stirn und sagt langsam und laut und streng: «Wir haben Geburtstag, Opa, nicht Weihnachten, nicht Weihnachten, verstehst du?» Opa nickt und zittert. Husten muß er nicht mehr.

«Er denkt, es wäre Weihnachten», sagt Mama und reibt nervös an ihrer Bluse.

Na und? denke ich, Weihnachten ist auch ein Feiertag, wie mein Geburtstag. Und Frieden auf Erden, das klingt schön. Und außerdem hat sich Opa bloß verschluckt, und es ist ihm peinlich.

Laut sage ich: «Macht doch nichts, macht doch gar nichts», und ich möchte Mama und Papa auf den Rücken klopfen. Wie dem Opa. Damit sie sich wieder setzen und freundlich sind.

Ich tu es nicht, ich komme gar nicht dazu... Opa ist in die Torte gefallen. Platsch, mit dem ganzen

119

Arm. Ich habe nicht aufgepaßt. Torte spritzt nach allen Seiten. Tischtuch, Wände, Papa, Mama, alles voller Torte!

«Opa!» rufe ich und springe auf.

«Jetzt reicht's!» schreit Mama und reißt die Augen auf. «Ich hab's ja gewußt, ich hab's ja gewußt!» stöhnt Papa und schüttelt den Kopf.

Mir ist schlecht. Ich möchte heulen. Das ist mein Geburtstag! Auf den ich mich so gefreut habe! Mama und Papa sind sauer, auf Opa, auf mich. Ich bin schuld. Opa kann nichts dafür. Ich hätte aufpassen müssen. Jetzt ist alles verdorben. Das Tischtuch, die Torte, der Geburtstag...

«Wir bringen ihn zurück ins Heim», sagt Papa und springt auf. «Es ist das beste, sieh es ein», sagt Mama und schaut hilflos. «Jajaja», nickt Opa und betrachtet seinen tortenverschmierten Arm.

Ich heule. Ich will nicht heulen. Ich will einen schönen Geburtstag haben. Mit freundlichen Eltern und mit meinem Opa. Ich möchte was sagen. Ich kann nicht. Nichts fällt mir ein. Und sowieso ist jetzt alles verdorben. Aber wischen kann ich. Opa den Tortenarm abwischen.

Ich putze und reibe, und Opas Arm wackelt in meiner Hand. «Opa», flüstere ich und halte seinen Arm fest, und an seinen Fingern klebt noch immer Sahne, und auf die Sahnefinger heule ich drauf. Es kommt einfach so.

120

Da stopft mir plötzlich Opa seine Sahnefinger in den Mund. Ich schnappe nach Luft. Mein Mund ist voll. Und ich werde gezogen. Fest gezogen. Auf Opas Schoß. Ich schlucke, ich kriege kaum Luft. Ich sitze auf Opas knochigem Schoß, und er hält mich fest.

Er wiegt mich hin und her. Und er murmelt was an meinem Ohr. Er singt. Dünn und krächzend. Er singt sein *«alle meine Entchen, schwimmen auf dem See, schwimmen...»* Opa tröstet mich! Mein Opa-Baby tröstet mich...
Er riecht alt, ich rieche es deutlich. Und er riecht nach Torte und Kakao... ich lutsche an seinen Sahnefingern. Und ich muß nicht mehr heulen.

121

Opa hat die Tränen weggeschaukelt. Er hält mich fest auf seinem Schoß, als wäre ich ein Baby. Er singt mir ein Lied, ein Babylied, aber ein schönes... Er stopft mir die Finger in den Mund, wie einen Schnuller. Opa tröstet mich. Mein alter Wackelopa, mein Stummelzahnopa. Opa macht, daß ich nicht mehr heulen muß über den doofen Geburtstag. Opa hat was für mich getan, und ich hab' was für Opa getan...

Papa und Mama schauen stumm. Papa und Mama schauen verlegen. Beinahe muß ich lachen. Mama kratzt am Tischtuch herum. Papa rührt in seiner Kaffeetasse. Der Kaffee ist längst kalt gerührt. Und Tortenkrümel schwimmen drin herum. Mama hat Sahne auf der Nase...

Ich schaue weg und kichere an Opas Hals. Warm ist der Hals und faltig. Ein warmer, alter Baby-Opa-Hals. Zum Auf-dem-Schoß-Sitzen bin ich schon viel zu alt. Und der Opa ist zu alt, um alleine zu essen und sich gut zu benehmen. Wir sind beide viel zu alt... der eine für das, der andere für jenes. Ich muß kichern. Opa und ich, wir sind zu alt.

«Steh auf, Junge, du wirst Opa zu schwer», mahnt schließlich Papa und trinkt doch tatsächlich den kalten Tortenkrümelkaffee mit einem Schluck. Und merkt es nicht einmal.

«Vielleicht möchte Opa jetzt doch einen Kaffee», sagt Mama, und sie hat eine ganz kratzige Stimme dabei.

«Dann frag' ihn doch selber», sage ich und rutsche von Opas Schoß. Hilflos hebt meine Mama die Kaffeekanne.

«Opa versteht sehr gut, nicht wahr, Opa?» frage ich, und Opa nickt. Deutlich und langsam. Greift nach seiner Kakaotasse und schiebt sie über den Tisch. Beinahe kein Kakao schwappt heraus.

«Siehst du», sage ich und setze mich wieder neben Opa. Ganz nah. Sicher ist sicher.

«Ich hole eine frische Tasse», sagt Papa und läuft schnell raus. «Das mache ich», ruft Mama und läuft hinterher. Sie bleiben lange weg. Müssen sie erst die Kaffeetasse suchen? Mir ist es recht.

Ich sitze neben Opa und muß grinsen. Opa hat einen Kakaobart, das sieht komisch aus. Opa grinst zurück. Und zwinkert mir zu. Ganz schnell mit dem linken Auge. Ich zwinkere rechts, links geht es bei mir nicht so gut. Und dann lacht Opa. Ich muß auch lachen. Wir sitzen und zwinkern, linksrechtslinks und lachen und lachen...

Meine Eltern sind zusammen wieder ins Zimmer gekommen. Mit frischem Tischtuch und mit frischem Geschirr.

Wir haben den Geburtstagskaffee nochmals von vorne begonnen. Nur die Torte war leider zer-

matscht, aber zermatschte Torte schmeckt genausogut. Sie hat sogar noch besser geschmeckt, weil die Schokolade so schön mit der Sahne vermischt war.

Opa hat Kaffee gekriegt, und er hat laut geschlürft. Ich habe ihn gefüttert, das hat prima geklappt.

Und meine Eltern haben kein einziges Mal mit den Augen gerollt und geseufzt. Und sie haben sich auch nicht heimlich angeschaut, ich habe genau aufgepaßt. Sie haben gefragt und geredet. Und sie haben Opa bedient, von hinten und von vorne. Das hätten sie nicht brauchen, ich bediene den Opa. Dem aber hat es gefallen, das habe ich gemerkt.

Er hat gelächelt und genickt und einmal nach Mamas Hand gegriffen und sie gestreichelt, ganz kurz. Und die hat die Hand nicht zurückgezogen. Sie ist nur ein bißchen zusammengezuckt, ganz kurz. Es war ein langer, gemütlicher Geburtstagskaffee, viel länger als sonst... weil Opa doch ziemlich langsam ist und alles halt länger dauert bei ihm.

Und dann haben wir noch einen Spaziergang gemacht. Ganz, ganz langsam. Papa und Mama hatten Opa untergehakt und schleppten ihn vorwärts. Einmal um den Block herum, weiter schafft es Opa nicht.

Ich habe gedacht, mir brächen bald die Beine ab, weil wir so langsam gehen mußten. Und so bin ich mal vorgerannt und habe zurückgeschaut und mal hinterhergetrottet. Von vorne wie von hinten sahen sie komisch aus, die drei. Langer Papa, winziger Opa, dicke Mama. Fest ineinandergehakt. So schoben sie den Gehsteig entlang, und alle mußten ihnen ausweichen.

Dann hat Opa mächtig angefangen zu schnaufen, und wir sind wieder heim. Ich habe noch gedacht, wie gut, daß Opa nicht Treppen steigen muß. Wir wohnen ja im Erdgeschoß, das ist praktisch für ihn. Hier ist überhaupt vieles praktisch für ihn. Besonders ich.

Spät am Abend haben wir Opa ins Heim zurückgefahren. Ich durfte mit. Opa hat noch lange gewinkt.

«Na, wie war dein Geburtstag?» hat mein Vater auf der Rückfahrt gefragt. «Schön», habe ich gesagt, «am Anfang ja nicht so, aber dann.» Meine Mutter hat genickt.

«Und wünschst du dir beim nächsten Mal wieder den Opa oder doch lieber ein Fahrrad?» hat mein Vater weitergefragt und mir zugezwinkert. Mit dem linken Auge. Er hat gezwinkert wie Opa! Und ganz kurz hat er ausgesehen wie Opa, nur viel, viel jünger...
«Beides», habe ich gesagt und gegrinst.
Bis zum nächsten Geburtstag ist es noch lange hin, noch sehr lange.

Renate Welsh
Melanie Miraculi
Ab 8. Ill. 126 S., geb., 19.80
ISBN 3-312-00733-x
An dem Tag, als Grossmutter nicht nach Hause kommt, zaubert Melanie – als sie sich nicht mehr zu helfen weiss – den Geldbriefträger klein, dann den Polizisten, der den Geldbriefträger bei ihr entdeckt, die Lehrerin, die nachsehen möchte, warum Melanie die Schule schwänzt. Auf einmal sind die Grossen, die – auch wenn sie nett sind – die Kleinen nie ernst nehmen, selber klein. «Ein zauberhaftes Hexenspektakel: zum Lesen in einem Atemzug.» (Zeit)

Verlag Nagel & Kimche